少数民族特色村寨保护与发展立法问题研究

——以广西三江侗族特色村寨为视角

杜承秀　陈伟斌　张显伟◎著

中国言实出版社

图书在版编目（CIP）数据

少数民族特色村寨保护与发展立法问题研究：以广西三江侗族特色村寨为视角 / 杜承秀，陈伟斌，张显伟著 . -- 北京：中国言实出版社，2020.11

ISBN 978-7-5171-3583-8

Ⅰ . ①少… Ⅱ . ①杜… ②陈… ③张… Ⅲ . ①少数民族—村落文化—立法—研究—广西 Ⅳ . ① D927.670.164

中国版本图书馆 CIP 数据核字（2020）第 202071 号

责任编辑 崔文婷
责任校对 史会美

出版发行 中国言实出版社
地　址：北京市朝阳区北苑路 180 号加利大厦 5 号楼 105 室
邮　编：100101
编辑部：北京市海淀区花园路 6 号院 B 座 6 层
邮　编：100088
电　话：64924853（总编室） 64924716（发行部）
网　址：www.zgyscbs.cn
E-mail：zgyscbs@263.net

经　销 新华书店
印　刷 天津冠豪恒胜业印刷有限公司
版　次 2021 年 1 月第 1 版　2021 年 1 月第 1 次印刷
规　格 710 毫米 ×1000 毫米　1/16　14.5 印张
字　数 215 千字
定　价 49.80 元　ISBN 978-7-5171-3583-8

目　录

附　录

参考文献

后　记

导 言

一、研究现状

国内学界对“少数民族特色村寨保护与发展”问题的研究热潮肇始于2009年国家民委和财政部联合牵头在全国范围开展的“少数民族特色村寨保护与发展”试点工作。2012年12月5日，经国务院批准，国家民委印发了《少数民族特色村寨保护与发展规划纲要（2011—2015年）》（下文简称《纲要》),《纲要》明确提出在“十二五”期间重点保护和改造1000个少数民族特色村寨，“少数民族特色村寨保护与发展”问题的研究愈加升温，成为国内社会学、民族学、人类学、民俗学、法学等学科研究的热点课题之一。梳理当下国内关于“少数民族特色村寨保护与发展”课题研究成果，我们发现研究成果主要集中在以下几个方面：

其一，少数民族特色村寨保护与发展意义的研究。段超教授认为：“少数民族特色村寨保护与发展工作促进了民族文化遗产的保护、保护了村寨自然生态同时改善了少数民族生活环境、建立和发展了符合当地实际且具有较强竞争力的特色产业、探索出一些极具特色的村寨经营与管理的成功模式、对民族地区文化遗产的保护与经济社会发展起了很好的示范带动作用、为世界文化遗产少数民族发展提供了经验。”①既有研究成果显示，学者们对少数民族特色村寨保护与发展工作的意义是肯定的。

其二，关于少数民族特色村寨保护与发展模式的研究。现有的研究成果数量不少，总体说，学者们认为“少数民族特色村寨保护与发展应因少数民族特色村寨的具体情况采取妥适的保护模式，不可千篇一律”。房亚明认为:“少数民族特色村寨保护与发展要因地制宜分类指导，突出村寨特色避免千篇一律。”②段超也提出了相近观点。当然，在具体保护模式的归结分类上学者们的观点纷呈。

其三，关于少数民族特色村寨保护与发展存在问题及对策的研究。现有的研究成果数量众多。学者们在肯定各地少数民族特色村寨保护与发展工作所取得成就的基础上，清醒地认识到我国少数民族特色村寨保护与发展工作所存在的诸多问题与障碍。在治理对策的研究方面，学者们普遍认为应尽快着手制定保护与发展少数民族特色村寨专项法规，将少数民族特色村寨保护与发展工作纳入法治化轨道。

其四，关于少数民族特色村寨保护与发展立法问题的研究。这方面的研究成果数量有限。学者们虽意识到将少数民族特色村寨保护与发展工作纳入法治化轨道十分必要，但就如何制定一部少数民族特色村寨保护与发展法，该法的立法模式、基本原则、篇章结构、主要条款、条款项之间的衔接等较为微观但却富有实践价值的课题研究，成果较少。

---

① 段超:《保护与发展少数民族特色村寨的思考》，载《中南民族大学学报》（人文社会科学版）2011年第5期。

② 房亚明:《参与和共享：新型城镇化与农民权益的联动发展机制》，载《湖北行政学院学报》2013年第6期。

国外并没有“少数民族特色村寨”这一对应概念，但对于乡村旅游、传统村落旅游课题的研究中有相关方面的研究成果。加拿大著名社会学家哈罗德·英尼斯在以加拿大东部一个岛屿为例的研究中，提出了促进乡村保护与发展的因素。① 国外学界对村寨的发展模式的研究也有许多类似的经典案例值得研究借鉴，包括以“新乡村运动”“民俗村”建设为代表的韩国模式，美国著名的“格兰维尔模式”，以及德国的“露天博物馆”保护模式，等等。另外，在法治先行的美国、日本、法国等国家，随着现代化、城市化进程，始终将民族特色文化的保护与发展视作政府的责任，为此，他们创制了专门保护与发展民族特色文化的法律、法规，在民族文化保护与发展法治化问题的研究上走在世界前列。

源于民族文化保护世界潮流驱动和人们对民族文化保护与发展意识的增强，我们认为“少数民族特色村寨保护与发展”课题研究的总趋势是理论研究的精细化、深入化和系统化以及理论研究对实践诉求的回应。从法学的视角对少数民族特色村寨保护与发展立法问题展开研究，有助于拓展本课题的研究视角，利于本课题研究的深入、细致，同时更可以为少数民族特色村寨保护与发展工作的法治化展开提供智力支持。

二、研究价值

相对于已有研究，本课题研究的学术价值主要体现有三：其一，可以拓展本课题研究的领域，丰富本课题研究的内容。现有关于少数民族特色村寨保护理论的研究，主要局限于民族学、人类学、社会学、民俗学等学科研究领域，以法学视角对少数民族特色村寨保护与发展课题展开研究，无疑可以拓展本课题研究的领域，丰富本课题研究的

① ［加］哈罗德·英尼斯:《帝国与传播》，何道宽译，中国人民大学出版社 2014 年版，第 21 页。

内容。其二，可以多样化本课题研究理论成果的形式，系统化少数民族特色村寨保护与发展立法课题研究的成果。截至2015年2月12日，我们通过多渠道检索得知，以法学视角研究“少数民族特色村寨保护与发展”课题，成果的形式仅有调研报告和学术论文等，且成果的数量十分有限。我们专门从法学视角对少数民族特色村寨保护与发展立法问题展开研究，意图撰写一部扎实、系统全面的著作，对少数民族特色村寨保护与发展法的制定展开针对性、深入、细致的调研分析，无疑可以多样化本课题理论研究的成果形式，系统化本课题理论研究成果。其三，有助于充实法学学科理论研究的内容，助推法学理论研究对实践诉求的回应，体现法学理论研究极强的应用价值和旺盛的生命力。

相对于已有研究，本课题研究的应用价值主要体现也有三：其一，为少数民族特色村寨保护与发展法治化进程的推进奠定智力支持，本课题研究致力于少数民族特色村寨保护与发展法的草案起草及理由说明与论证，在我国目前缺乏少数民族特色村寨保护与发展专门法律、法规、规章情形下，在我国法治国家建设全面推进大背景下，开展本课题研究的实践意义不可低估；其二，对于促进少数民族社会文化建设，凸显少数民族文化特色和文化内涵，促进民族地方经济、社会、文化、生态等的协调发展，起到举足轻重的作用；其三，提升政府保护、开发、利用、传承、发展少数民族特色文化工作的法治水准，为我国少数民族特色村寨保护与发展法的创制提供理论借鉴和参考。

三、研究目标和思路方法

（一）研究目标

在扎实调研和缜密思考的基础上，对少数民族特色村寨保护与发展法立法中基本问题逐一展开研究。吸收现实经验教训，结合域外成功经验，草拟出少数民族特色村寨保护与发展法草案，服务于少数民族特色村寨保护与发展法的立法，为少数民族特色村寨保护与发展工作法治化展开作出学术贡献。

（二）研究思路方法

1. 基本思路。全面梳理现行相关少数民族特色村寨保护与发展的立法规定，择取域内外若干个典型国家、地区和省市，深入各相关机关单位、组织，对当地的少数民族特色村寨保护、开发、利用、传承、发展等现状展开实地调研，同时对他人研究的调查数据、文献资料等进行认真细致的收集、分析、比较，以点带面，点面结合，研究当下我国政府和社会在少数民族特色村寨保护与发展方面所取得的成绩及其存在的问题，找出制约少数民族特色文化保护与发展工作有效展开的现实障碍和制度困惑，分析其产生的原因，进而一一探求应对举措，以法治化为导向，理性建构妥适我国少数民族特色村寨保护与发展的立法模式、法律原则、主体制度、行为模式与法律后果制度，制定出科学、理性的少数民族特色村寨保护与发展法，构建我国在少数民族特色村寨保护与发展方面的法律体系。

2. 研究方法。本课题以科学的理论思维作为指导思想，结合社会主义新农村建设和国家、政府、社会法治建设的具体要求，采取跨学科交叉研究方法。综合运用社会学、民族学、民族经济学等学科的理论，同时结合文献综合分析法及数据统计法。采取典型特例作为田野调查的对象，通过对多个少数民族特色村寨（主要是广西三江、广西融水和贵州黔东南等地的多个少数民族特色村寨）的观察，深入访谈，并通过开展问卷调查，对少数民族特色村寨保护与发展过程中突出的问题进行分析，在较充分掌握第一手资料的基础上进行研究，把握共性，以期探索出当代少数民族特色村寨与发展中需要立法解决的问题或者亟待立法干预和规范的问题。在明确具体问题的基础上结合保护与发展少数民族特色村寨的经验和地方立法，同时借鉴参考域外地区的立法例，在契合少数民族特色村寨具体情况和我国国情的基础上探究解决问题之策，并将之形成法律规范。另外，在本课题的研究中还有历史考察方法、比较借鉴方法、规范分析方法、经济分析方法和系统分析方法等，通过多种方法的综合运用，从各个层面展开研究，以求研究成果在理论上具有说服力和创新性，并能对我国少数民族特色文化的时代创新与发展和建设富裕文明和谐的新农村提供指导借鉴。

四、研究内容

本课题研究具体有八部分，分别是：

第一，我国少数民族特色村寨保护与发展概述。主要针对新中国成立以来，我国在少数民族特色村寨保护与发展方面所取得的成就、存在的问题及相应对策，进行总括性分析。在对少数民族特色村寨保护与发展现状进行实地调查研究的基础上，全面、细致、客观地总结改革开放以来，尤其是自国家推进少数民族特色村寨保护与发展工作以来，国家和地方各级政府及其相关职能部门在保护与发展少数民族特色村寨方面所取得的可喜成绩，理性总结、概括现行保护与发展工作的宝贵经验，以期将成熟有效的经验做法上升为立法，指导少数民族特色村寨保护与发展工作的开展。

第二，我国少数民族特色村寨保护与发展的实践以及梳理现行相关少数民族特色村寨保护与发展的法律、法规及规章。对我国少数民族特色村寨保护与发展的实践进行简单梳理；对现行相关少数民族特色村寨保护与发展规范性文件制定的背景及其科学性、民主性进行理论分析与深度论证，同时对上述文件在少数民族特色村寨保护与发展实践中的现实效果进行实地调研，以期总结我国少数民族特色村寨保护与发展立法的经验及教训；对国际组织和域外一些典型国家在民族文化保护尤其是原住民社区、特色建筑保护等方面的立法进行对比研究，透析、总结他们的经验，以期为我国少数民族特色村寨保护与发展法的制定提供域外法治经验的借鉴。

第三，我国少数民族特色村寨保护与发展法治保护的价值。在理论上论证以法治手段保护与发展少数民族特色村寨的必要性和可行性。

第四，我国少数民族特色村寨保护与发展法的立法模式与立法原则。在对我国现行少数民族特色村寨保护与发展立法模式进行分析的基础上，归结出现行立法模式所存在的保护与发展不到位、保护与发展不周全等缺陷。从少数民族特色村寨保护与发展的客体及立法技术上详尽论述少数民族特色村寨保护与发展的立法模式；对少数民族特色村寨保护与发展法的立法原则进行分析。

第五，少数民族特色村寨保护与发展法律关系主体。对现行少数民族特色村寨保护与发展主体进行全面梳理，在此基础上明确国家、社会组织、企业事业单位和少数民族特色村寨居所地基层自治组织与普通民众等在保护与发展少数民族特色村寨问题上的职责分工及其相互关系，建构少数民族特色村寨保护与发展主体法律制度。

第六，少数民族特色村寨保护与发展法律责任研究。法律责任的确立必须理性适度，不得侵犯基本权利，不得违反上位法，必须遵循《立法法》的规定，不得违背比例原则和法律之公平、正义理念的基本诉求。我国现行相关少数民族特色村寨保护与发展的国家层面和地方层面的立法文件众多，法律责任设定缺乏较严格的梳理，相互间的冲突不少，在全面梳理的前提下，构建妥适的少数民族特色村寨保护与发展法律责任体系。

第七，少数民族特色村寨保护与发展法（草案建议稿）文本。在对上述理论展开研究的基础上，草拟出少数民族特色村寨保护与发展法（草案建议稿），以期为我国少数民族特色村寨保护与发展法的创制提供借鉴和参考。

第八，少数民族特色村寨保护与发展法（草案建议稿）理由说明。对草拟出的少数民族特色村寨保护与发展法（草案建议稿），一一说明法文本每一个条文草拟的理由及相关的背景知识，为立法提供学理借鉴和参考，为少数民族特色村寨保护与发展工作的开展提供智力支撑。

第一章 少数民族特色村寨保护与发展概述

新中国成立以来，党和政府就十分重视少数民族传统文化的保护与发展工作，在少数民族传统文化的保护与发展方面取得了十分显著的成效。但是，针对“少数民族特色村寨”这一具体客体提出进行针对性的“保护与发展”要求，为之采取专门的“保护与发展”措施，却是十分晚近的事情。虽然，我国专门对少数民族特色村寨施以保护与发展的历史不久，但是，近年来所取得的保护、发展成效是有目共睹的。当然，我们也必须客观清醒地认识到我国所开展的少数民族特色村寨保护与发展工作还存在着不少亟待解决的问题，尚需要在少数民族特色村寨保护与发展工作实践中认真总结经验、吸取教训，找到解决问题的对策，只有这样，少数民族特色村寨的保护与发展工作才可以深入、持续开展下去，才可以取得越来越大的成效，也才可以实现我国少数民族特色村寨保护与发展的目的和初衷。在本章中，我们将对我国少数民族特色村寨保护与发展的成效、存在的问题进行较全面、客观阐述，并在此基础上理性分析解决问题的对策。

一、问题缘起

自2009年国家正式启动“少数民族特色村寨保护与发展试点工作”以来，在中央和地方各级政府及相关职能部门的大力推动和切实扶持下，在少数民族特色村寨所在地村委会、村民小组等基层群众性自治组织和特色村寨村民的共同努力下，我国少数民族特色村寨的保护与发展工作取得了显著成效。以广西壮族自治区柳州市三江侗族自治县为例，截至2017年5月，三江侗族自治县少数民族村寨中已有5个侗族特色村寨被明确列入世界文化遗产预备名录，另有4个侗族特色村寨正式入选中国传统村落名录，还有12个侗族特色村寨入选中国少数民族特色村寨。除借助少数民族特色村寨、世界文化遗产预备名录等对少数民族优秀传统文化进行针对性保护与传承外，三江侗族自治县还有4个侗族历史文物入选国家级重点文物保护单位。目前看来，三江侗族自治县对侗族优秀传统文化资源保护的力度和已经取得的成果均居广西壮族自治区前列，得到社会各界的普遍肯定，不少地方的相关部门前往参观，吸收其保护与发展优秀传统少数民族文化的经验。值得一提的是，目前有不少地方政府在少数民族特色村寨的保护与发展工作中已经意识到将该项工作纳入法治轨道，利用立法和执法、司法等活动提升少数民族优秀传统文化保护与发展工作的权威性、神圣性、严肃性、稳定性、规范性和科学性的重大意义，进而他们开始制定并逐渐实施针对本地少数民族特色村寨等优秀传统文化保护与发展的地方性法规、规章。比如，2015年9月三江颁行了《三江侗族自治县少数民族特色村寨保护与发展条例》，将侗族特色村寨的保护与发展工作制度化、规范化，大大促进了政府保护与发展特色村寨活动的法治化水准。该县是全国首个经由专门、专项立法保护与发展少数民族特色村寨的县，其立法经验和实践做法被各地效仿。再比如，2017年

2月，为加强融水苗族自治县少数民族特色村寨的保护和发展工作，促进民族地区经济发展，传承和弘扬民族传统文化，巩固和发展平等、团结、互助、和谐的社会主义民族关系，广西融水苗族自治县颁行了《融水苗族自治县少数民族特色村寨保护与发展暂行办法》。实际上早在国家层面正式启动“少数民族特色村寨保护与发展试点工作”之前，贵州黔东南苗族侗族自治州就率先于2008年颁布了《黔东南苗族侗族自治州民族文化村寨保护条例》，这一开创性的地方性立法为黔东南自治州苗族和侗族特色村寨文化遗产的保护与发展提供了法律准绳，确保了该州对少数民族优秀传统文化保护的严肃性、持续性、长期性，提高了地方政府在文化遗产保护与发展方面的法治化水准。

但是，一方面，少数民族特色村寨保护与发展工作是一项十分复杂的系统工程，另一方面，目前看来我国开展的“少数民族特色村寨保护与发展试点工作”缺乏长远且科学的保护与发展规划，同时也没有理性、权威的法治保驾护航，再加上其他多种因素制约，眼下看来我国少数民族特色村寨的保护与发展工作还存在着诸多不尽人意之处，这些问题的存在很大程度上减损了少数民族特色村寨保护与发展社会效果，延缓了长期目标的实现。当然，由于我国各地方经济、文化、生态环境、法治水准等差异明显，体现在少数民族特色村寨保护与发展这一工作中，各地存在的障碍和问题也不尽一致，但少数民族特色村寨保护与发展工作在性质、特点、目的、任务、保护与发展的客体甚至保护与发展的内容、手段、方式方法等方面具有一致性和共同性，因此，客观看，目前我国各地方在少数民族特色村寨保护与发展工作中所面临的问题带有一定的普遍性或者共性。为更好地促进少数民族特色村寨保护与发展工作，确保该项工作取得更大成效，真正实现少数民族优秀传统文化保护与发展的根本目标，我们课题组在2014年10月、2015年2月、2017年7月先后三次前往广西三江对该地的侗族特色村寨保护与发展工作进行专项调研，全面梳理三江侗族特色村寨保护与发展工作所取得的成就，客观清醒地分析该工作存在的诸问题，并在此基础上探究治理对策，期冀以三江侗族特色村寨的保护与发展为视角揭示问题，为我国少数民族特色村寨的保护与发展工作贡献绵薄之力。课题组为较全面了解我国其他地区少数民族特色村寨保护与发展工作的现状，主要采取资料收集、整理、分析方法，对贵州黔东南州特色村寨保护与发展的现状采取了实地调研、参观走访方法，归纳出我国少数民族特色村寨保护与发展工作取得的成效、存在的问题，并在此基础上针对性地提出解决问题的对策，为我国少数民族特色村寨保护与发展工作提供智力支持。

二、少数民族特色村寨保护与发展的意义

为促进我国少数民族地区经济开发与民族文化传承、生态保护协调发展，促进少数民族群众尽快脱贫致富，2009 年国家民委会同财政部实施了少数民族特色村寨保护与发展专项项目。当时，国家民委具体操作，中央财政投入了专项资金 2.7 亿元，同时国家民委和财政部还利用政策、措施吸引多方面资金投入这一专项项目中。据统计这一专项项目在全国的 28 个省区市开展，试点的少数民族特色村寨总计 370 个。为进一步促进少数民族特色村寨保护与发展工作的长期性、权威性和稳定性，2012 年 12 月 5 日，经国务院批准，国家民委印发了《少数民族特色村寨保护与发展规划纲要（2011—2015 年）》，该纲要明确提出在“十二五”期间我国要重点保护和改造 1000 个少数民族特色村寨。2014 年，开展首批“中国少数民族特色村寨”命名挂牌工作，共命名 340 个特色村寨。截至 2016 年底，中央财政共计投入少数民族发展资金 16 亿元左右用于少数民族特色村寨的保护与发展工作中来。“少数民族特色村寨指的是少数民族聚居且人口比例较高，某些方面的民族特点比较突出，对保护与传承少数民族文化具有一定价值的自然

村寨。"[①]我国的少数民族特色村寨保护与发展工作是社会主义新农村建设的重要组成部分，对国家民族政策的落实与实现，对少数民族来说均具有重大意义。

（一）贯彻落实民族政策的重要举措

中国是一个由56个民族共同缔造的统一的、多民族的社会主义国家。自新中国成立以来，党和政府历来高度重视保护各少数民族的合法权益，采取各项措施，保障我国各民族一律平等，努力实现各民族共同发展、共同繁荣。新中国成立后，我国实行民族区域自治制度，制定了一系列民族政策，帮助少数民族地区大力发展经济和文化。改革开放后，各地方的经济、文化、社会事业等均有了较快发展，但是，基于多数少数民族地区的地理环境、交通现状和资源环境等情况，其经济、文化、社会事业等的发展相对滞后。为了促进我国少数民族地区经济、文化、社会事业的加速发展，近年来，党和政府针对少数民族地区尤其是西部偏远山区制定了一系列针对性的优惠政策，采取了不少特殊的扶持、帮助措施，使我国广大少数民族群众共享改革发展的成果。通过少数民族特色村寨的保护与发展工作，带动少数民族地区特色产业、乡村旅游业等的大力发展，同时大力弘扬少数民族优秀传统文化，通过保护与发展，增强少数民族的内功，使其能够真正得到锻炼、增长技能。

（二）弘扬中华民族优秀传统文化的根本要求

毫无疑问我国的每一个少数民族特色村寨都承载着丰厚的少数民族的历史记忆，可以说，少数民族特色村寨是承启传统文化和时代精神的重要桥梁，是不可再生的宝贵资源。但是随着国家现代化、城镇化

① 王铁志：《中国少数民族特色村寨的保护政策与实践》，载《黑龙江民族丛刊》2011年第3期。

和市场经济的加速发展，有的少数民族特色村寨面临着被破坏和逐渐消失的危险，甚至有的少数民族特色村寨已经被破坏殆尽，无法修复。如何开展少数民族特色村寨的保护与发展工作是新时期我国各级政府面临的一项重大任务。

在社会飞速发展的时代，切实加强少数民族特色村寨的保护与发展，是“建设优秀传统文化传承体系，弘扬中华优秀传统文化”的根本要求和重大文化工程。少数民族特色村寨的保护与发展对建设美丽乡村，建设文化强国，增强我国民族自豪感和自信心，提升国家文化软实力和国际竞争力等都具有重要的现实价值和深远的历史意义。

（三）实现民族地区和谐幸福的民心工程

少数民族特色村寨保护与发展工作是我国新农村建设工程的有机组成部分，是实现少数民族地区乡村善治的重要抓手。民族地区乡村治理和新农村建设包括少数民族特色村寨保护与发展对少数民族来说意义更为深远，效果更为直接明显。

其一，少数民族主要集中在农村地区。客观说我国轰轰烈烈开展新农村建设对少数民族来说作用较为突出。

其二，少数民族农村人口呈现出以自然村寨为主聚族而居的特点。在广西、云南、贵州等地少数民族聚居区，分布着许多历史文化底蕴深厚、风俗习俗保存较好的少数民族特色村寨。如苗族、侗族、傣族村寨等。一个村寨往往以某一个少数民族为主。就是在少数民族散居地，如河南、山东、湖北等地，也有一些少数民族聚居的村庄。这种人口分布格局是由文化、地理、民族融合、人口迁移等多种因素形成的。村寨成为构成农村社会的基础和单元。“社会主义新农村建设是指在社会主义制度下，按照新时代的要求，对农村进行经济、政治、文化和社会等方面的建设，最终实现把农村建设成为经济繁荣、设施完善、环境优美、文明和谐的社会主义新农村的目标。”[1] 其具体的建设内容包括发展一村一品的特色经济、农村文化建设、农村基层民主建设，等等，都是以自然村寨或者行政村为单元进行规划、设计和实施的，搞好少数民族新农村、新牧区建设，特别是少数民族自然村寨的建设，对少数民族发展具有直接作用。

其三，少数民族文化的根源在农村。从文化分层来看，文化可以分为精英文化和民间文化两大类。“精英文化是与大众文化、平民文化、草根文化、山寨文化相对立而产生的文化现象。即，不适应嘈杂的物质社会，它是人们内心渴求却常常被世俗生存需求驱逐时才能感悟到的文化，它在人们静心思索或遭遇物质失利而需要情感慰藉时才冉冉上升。[2]”国内有学者认为：“所谓精英文化，其意指是由知识分子阶层中的人文科技知识分子所创造、传播和分享的文化。”[3]“与精英文化不同的是民间文化，所谓民间文化，其意指由社会底层的劳动人民所创造的，古往今来就存在于民间传统中的自发的、民众的、通俗的、大众的文化。它是一种自娱自乐型的文化。民间文化立足于民众的生产或者生活的具体背景和真实场景，通常以一种通俗、活泼的形式表现出来，是社会底层的劳动人民自发创造出来用以娱乐民众自我的一种文化形态。”[4] 少数民族文化中虽然不乏精英文化的优秀力作，但是更多的表现形式是民间文化。对于那些没有本民族文字、精英文化欠缺的少数民族来说，该族的特色文化就是村寨文化，村寨文化保存了少数民族文化的基因，各民族各具特色的语言、建筑、服装饰品、饮食、节日、风俗传统等文化都集中体现在少数民族聚居的村寨中，少数民族村寨是少数民族文化最有效、最直接、最集中的载体，是少数民族

① 陈忠禹:《村民自治权保障论——基于科学发展观视阈》，知识产权出版社 2012 年版，第 73 页。

② 徐光春:《文化的力量》，河南人民出版社 2009 年版，第 113 页。

③ 曹卫东:《文化与文明》，广西师范大学出版社 2005 年版，第 102 页。

④ 陈来:《传统与现代》，生活 · 读书 · 新知三联书店 2009 年版，第 43 页。

文化的根源。

近年来在舞台上大放异彩的原生态少数民族歌舞艺术，主要来源于少数民族村寨。比如，侗族的“玩山”和“走寨”。“玩山”盛行于侗族地区北部，青年男女在劳动之余，三五成群，相约在坡上、树下对唱情歌。“走寨”又称“走姑娘”，盛行于侗族地区南部。姑娘们结伴在屋中纺纱、做针线，客寨青年男子携带乐器前来伴奏对唱。通过唱歌，互相倾吐爱情。“玩山”和“走寨”都是在村寨开展的。在一些热门少数民族文化景区，对游客们具有吸引力的也主要是那些少数民族村寨文化，那些特色鲜明、民风古朴、传统文化保存完整的少数民族特色村寨往往令游客流连忘返。少数民族村寨文化对保持中华民族文化的多样性具有重要价值。但是令人担忧的是近年来随着市场经济的飞速发展，再加上城镇化的冲击，不少少数民族村寨包括少数民族特色村寨由于人为的原因毁坏严重，在现代化进程中一些私搭乱盖和一些钢筋水泥建筑破坏了村寨格局的整体性。此外，少数民族村寨由于自然的原因，长期受到侵蚀，得不到修复。因此，加强对少数民族村寨特别是少数民族特色村寨的保护与发展，实际上就是保护发展少数民族优秀传统文化的活水之源。

总之，少数民族特色村寨保护与发展是当今时代发展少数民族地区经济、社会、文化的一项重大工程，该项活动的深入、持续和法治化展开，有利于实现少数民族特色村寨的经济发展、社会稳定和谐和文化繁荣，因此，少数民族特色村寨保护与发展是实现民族地区和谐幸福的民心工程。

（四）乡村治理的重要抓手

云南师范大学肖青教授从人类学视角对云南彝族村寨进行研究，将其发展划分为“上个世纪五十年代初之前的传统乡土社会时期、上个世纪五十年代社会改造始至改革开放时期前的国家权力或者国家力量对村寨传统文化的消解时期、改革开放以来的民族村寨传统文化的复兴与重构时期”。[①] 实际上这样的划分对我国各少数民族特色村寨的发展都是适合的。目前少数民族特色村寨的发展正处于少数民族特色村寨文化的复兴与重构时期。这一个时期具体看又可以细分为改革开放伊始至20世纪90年代中期前的自发性传统村寨文化复兴时期、20世纪90年代中期以来的引导性村寨文化建构时期，当下正是国家对少数民族特色村寨引导发展时期。政府的治理与少数民族特色村寨的自治结合是少数民族特色村寨健康发展的必由之路。另外，在国家相关政策引导下的少数民族特色村寨的保护与发展活动，无疑也锻炼、历练了少数民族特色村寨精英人士现代治理的水平。

（五）履行法定义务的基本做法

在经济全球化、农村城镇化和现代化加快推进的今天，文化遗产的保护、传承与发展，已成为当今世界各国共同关心的问题。目前许多国家在保护与发展民族文化遗产方面采取了相关措施，制定了相关法规，加强对民族文化遗产保护的法律力度。一些国际组织也在为此做着不懈的努力。特别是20世纪70年代开始，世界文化遗产的保护问题逐渐引起了相关国际组织的高度关注，他们纷纷采取措施保护和发展文化遗产。比如，联合国教科文组织、世界知识产权组织、世界贸易组织、联合国经济社会理事会、联合国粮农组织、联合国环境规划署等均颁行了不少保护发展文化遗产的国家公约、协定、议定书。我国历来注重并主动承担自己的国家义务，这些相关文化遗产保护与发展的国际公约、协定、议定书，我国大多加入相关组织成为其成员国。我国既是成员国，无疑必须履行相关组织所规定的保护与发展少数民族文化的国际义务。笔者认为开展少数民族特色村寨的保护与发展活动正是我国践行国际义务的最好例证，也是我国目前履行国际公约、协定、议定书规定义务的基本做法之一。

---

① 肖青:《民族村寨文化的现代建构》，云南大学出版社2009年版，第81—172页。

三、少数民族特色村寨保护与发展的成效

2009年国家民委和财政部部署开展少数民族特色村寨保护与发展试点工作，截至2016年，我国各试点地区安排少数民族特色村寨发展专项资金，开展了村屯道路硬化、人畜饮水分离、特色民居改造、优秀少数民族传统文化项目传承和少数民族风情旅游项目扶持等。“让少数民族特色村寨成为镶嵌在少数民族地区熠熠生辉的一块宝石，已成为各地党委和政府的一个执政理念。”① 目前看来少数民族特色村寨保护与发展工作得到了少数民族地区广大干部群众的衷心拥护和支持，在社会上产生了积极反响，工作开展以来，少数民族特色村寨保护与发展取得了显著成效，概括起来主要表现在下述几个方面：

（一）保护自然生态，美化生活环境

环境整治工作被认为是我国少数民族特色村寨保护与发展工作中的一项首要工作。自国家启动少数民族特色村寨保护与发展工作以来，中央财政和地方财政均拿出专项资金对少数民族特色村寨进行环境整治。当地政府根据少数民族特色村寨的建筑特色、风貌风格实施针对性环境整治措施，开展了改水、改路、改厨、改厕、改圈等五改和建家、建园、建池等三建工作，大力开展生态家园整治工作。另外，为增加少数民族特色村寨保护与发展资金，各地政府还积极争取多方面的支持，引进民间资本，鼓励村民出资，加强对特色村寨的改造、建设，高规格打造“民族特色村寨”。以广西壮族自治区柳州市三江侗族自治县为例，自少数民族特色村寨保护与发展试点工作启动至2014年底，三江地方就安排发展专项资金8000多万元，用在本自治县69个试点特色村寨实施村屯道路、人畜饮水、特色民居改造、民族文化设施等项目。三江侗族自治县对程阳风雨桥、石门冲、岜团桥等重点景

① 杨永和:《风情三江》，广西民族出版社2016年版，第89页。

区进行着力打造，对“风情三江”“廊桥之都”“侗族生态博物馆”等品牌进行大力宣传。通过少数民族特色村寨保护与发展活动，三江侗族特色村寨的基础设施条件得到了前所未有的改善。截至2017年5月，三江侗族特色村寨村路巷道硬化率达95%，通电率达100%，自来水入户率达100%，广播电视综合覆盖率达100%。三江侗族特色村寨的自然生态变得愈加美好，三江侗族人民的生活环境得到了较大改善。以内蒙古自治区为例，自从国家开展少数民族特色村寨保护与发展工作以来，自治区相关部门高度重视，采取多种举措保护与发展少数民族特色村寨，把加强基础设施建设，改善农牧民生活条件作为重中之重。其中，乌兰浩特市义勒力特镇坚持绿色生态发展理念，以绿化美化和环境整治为重点，不断加大基础设施建设，提升美丽乡村建设标准，全镇森林覆盖率接近50%，实现了村内无空地、处处有鲜花、满眼是绿色的乡村美景，被评为“自治区级文明乡镇”，义勒力特嘎查被评为“全国生态文明村”和“自治区级文明村”。科右前旗满族屯村自打造少数民族特色村寨以来，累计投入资金3000万元，重点强化村屯基础设施建设，村屯内5.3公里街巷全部实现硬化，修建通村水泥路65公里，安装民族特色路灯150盏，打造满族特色两条街道，改造120户满族特色商铺，新建64户满族特色民居，并新建了嘎查社区办公楼、文化广场、文体中心、室内门球馆、露天网球场、文化大舞台、篮球场等文体娱乐设施，群众实现了“住上敞亮房、走上平坦路、喝上干净水、活动有场所、户户通上电、广电有节目、看病很方便、老来有保险、校舍保安全、购物家门口”的美好意愿。包头市九原区阿嘎如泰苏木乡梅里更嘎查、阿嘎如泰嘎查通过建设具有民族特色的入村门楼、赛马场、民族文化广场，充分展现少数民族特色民俗文化的魅力和内涵，被国家民委命名为“中国少数民族特色村寨”。鄂尔多斯市乌审旗陶尔庙嘎查和巴彦淖尔市磴口县巴音宝力格嘎查突出民居特色，蒙古族元素与房屋院落建筑融为一体，民族特色浓郁，成为具有现代风格的蒙古族民居。

（二）保护文化遗产，传承民族文化

文化被公认为是一个民族生存与发展的活的“灵魂”，保护与发展少数民族特色村寨，保护与传承少数民族优秀的传统文化是一项重要任务。有学者说：“民族的本质特点取决于其独特的文化元素，保护民族特色村寨的历史文化，就是保护民族文化的活水之源。”[①]不同民族在不同自然环境中形成了特色不一、风格迥异的自然生态和民居环境，其中特色民居更是蕴含着深厚的历史、文化、生产、生活信息。对少数民族特色村寨的保护与发展就是对少数民族优秀文化遗产的保护，就是对少数民族优秀传统文化的传承。

以广西三江侗族特色村寨为例。侗族特色村寨不仅体现了侗族人高超的建筑技艺，而且是侗族优秀传统文化的最直接载体，可以称之为侗族的民族文化生态博物馆、乡村历史文化的活化石。侗族特色村寨保护与发展的一项基本举措是在每个特色村寨建立全木质侗族鼓楼和占地数千平方米的民族文化表演广场。每到侗族传统节日来临，侗族人会在鼓楼、广场表演侗族传统文化活动，比如侗族大歌、斗牛会、芦笛舞、侗戏等。各侗族特色村寨组建了业余文艺队伍，突出民族文艺特色，而且经常与周边乡镇、村寨开展文艺交流、传统文化活动。另外，三江侗族特色村寨保护与发展工作通过采取抢救保护、开发利用、对侗族文化遗产传承人进行确认激励、在各小学开设侗族文化课程等多种举措，使得三江侗族民族特色文化遗产得到了较好的保护与发展，有效地传承了优秀的侗族文化。

内蒙古自治区通过对少数民族特色村寨的保护与发展，传承了优秀的少数民族文化，促进了少数民族优秀文化的发展，内蒙古各级政府和人民群众挖掘少数民族优秀传统文化，使之成为丰富村寨文化内涵和促进经济发展的重要载体。科右前旗满族屯嘎查在传承和发展满

① 吴大华、郭婧：《火灾下正式制度的“失败”——以贵州黔东南地区民族村寨为例》，载《西北民族大学学报》（哲学社会科学版）2013 年第 3 期。

蒙文化方面，成立了“满蒙文化研究会”“满族屯业务乌兰牧骑”“安代舞表演队”“满族服饰表演队”等组织，编写了10多部反映满族屯历史文化的丛书和画册，拍摄了反映牧区民主改革“三不两利”政策的纪录片，对传承和发展满蒙文化、宣传满族屯风土人情、开发旅游、发展地方经济起到了极大的促进作用。察右后旗阿里乌素嘎查每年五月初九举行“祭天”仪式，利用这一特有的传统习俗，创办了察哈尔蒙古族牧家旅游文化，成为融合文化传承、草原旅游、新牧区建设的有效载体，增加了农牧民收入，提升了村寨的特色和品位。鄂尔多斯市乌审旗被誉为“中国马头琴文化之都”“中国苏力德文化之乡”“中国蒙古族敖包文化之乡”，乌审旗苏力德苏木陶尔庙嘎查在特色村寨建设当中，将敖包、寺院、民族歌舞等有机结合，充分体现了淳朴浓厚的民族文化、源远流长的民俗文化和灿烂辉煌的历史文化。

（三）发展特色产业，增强经济活力

保护与发展少数民族特色村寨要求将保护与发展很好地对接、协调起来，在保护中发展，在发展中保护。相对于经济发展而言就是根据本地实际情况，培植一村一品的特色产业，发展本地的特色产业，依靠特色取胜。

培育和发展特色产业一定要依托当地的自然资源优势和传统产业优势。我们在走访调研中了解到，三江近年来大力发展茶叶、培植茶油产业，三江县侗族特色村寨的茶产业链逐渐延伸，知名度日益壮大，解决了不少村民的就业问题，增加了村民的收入，成为当地不可或缺的主要产业。

少数民族特色村寨发展旅游业可以充分发挥自然风光优美、人文景观独特的优势，将经济发展和特色民居、特色文化、独特生态等有机结合起来，走可持续发展的生态之路。近年由于高铁及高速公路的建设，基于三江侗族特色村寨浓郁的侗族风情、独特的历史文化，侗族特色村寨在各级政府的支持下大力发展旅游业。程阳八寨风情游，高

定、高秀、高邮特色村寨的韭菜节、百家宴，以丹洲景区为重点的生态休闲旅游，已经名声在外。据2015年12月9日的《柳州日报》报道称：目前三江立足于特色民族文化和生态资源优势，以《三江侗族自治县旅游总体规划（修编）》为总体布局，完成《“百里侗乡”乡村休闲旅游带规划》《三江侗族自治县休闲农业与乡村旅游发展规划》《三江侗族自治县旅游标准化发展规划》等规划编制工作。目前，全县有4A级景区3个，3A级景区5个。该县已形成以三江大侗寨为中心、以程阳八寨为核心的民族风情旅游和以丹洲景区为重点的生态休闲旅游的一轴两翼旅游发展格局。[①] 此外，“2016年11月，三江县与广西旅游发展集团有限公司签署投资额达10亿元的战略合作协议项目，重点围绕‘商、养、学、闲、情、奇’六大旅游发展要素，启动实施程阳八寨景区5A提升、侗族文化提升等工程，完善城市载体和旅游服务功能。目前，正加速推进鸟巢‘百千万’工程、三江南站游客集散中心、县城游客集散中心等项目建设”。[②]

另外，特色村寨的重阳酒、杉木雕刻、侗绣等传统特色产业，近年来在各级政府的大力扶持和正确引导下也逐渐做大做强。特色产业的发展使当地收入快速增长，增强了当地的经济活力，提升了当地的经济竞争力。

我们课题组走访调研了内蒙古自治区一些特色少数民族村寨，也深刻地感受到在少数民族特色村寨的保护与发展过程中，各地的特色产业得以凝练并发展壮大，少数民族聚居区的村民收入明显提高。内蒙古各旗县市区依托当地自然资源、文化资源、生态资源大力发展主导产业，培育新兴产业，农牧民收入水平显著提高。一是大力发展传统优势产业。科右前旗满族屯嘎查大力调整优化畜牧业产业结构，积极实施“粮改饲”和“稳羊增牛”战略，引进优质杜泊、萨福克种羊和

① 俸育：《围绕特色抓创建 文化旅游出精品》，载《柳州日报》2015年12月9日第3版。
② 韦豪壮：《三江引资见成效》，载《柳州日报》2016年11月12日第3版。

西门塔尔改良肉牛，提高人工配种技术，全嘎查优质牲畜改良率达到96%以上，为畜牧业提质增效、牧民增收奠定了基础。阿巴嘎旗萨茹拉图雅嘎查在生产中总结出“蹄腿理论”，在牧民中推行“减羊增牛”战略，提质增效，着力培养家庭牧场式经营方式，2017年该嘎查养牛头数达5540头，户均41头，嘎查牧民人均收入达到15000元。二是依托民俗文化旅游资源，培育新兴富民产业。依托丰富的旅游资源重点提出了“旅游富村”的发展定位，引进并打造了观光农业这一龙头产业，同时大力发展村民家庭游。额尔古纳市恩和俄罗斯民族村充分发挥俄罗斯族特有的文化资源，加强旅游基础设施建设，把俄罗斯族民间传统节日“巴斯克”节打造成地区旅游品牌。其中开办家庭游和家庭旅馆的经营户110户，床位3400余张，接待旅游人数可达60万人次，俄罗斯族家庭游户年均收入达4万元，俄罗斯族家庭旅游业已成为当地新兴的主导产业。阿巴嘎旗萨茹拉图雅嘎查依托独特的自然风景和传统民俗文化资源，鼓励支持牧民开展“牧人之家”旅游项目，实施共同维护建设，统一规划管理，目前“牧人之家”旅游点共16户，每户年均纯收入达20万元。三是依托自然资源，发展特色富民产业。九原区阿嘎如泰嘎查大力发展集体经济，农牧民以自家承包的土地荒山折价入股矿山企业，家家是股东，年年得分红，闲置的劳动力积极从事家庭旅游接待项目，部分家庭年均纯收入达60余万元。巴彦淖尔市临河区双河镇马场地村大力实施特色林业栽植，引导失地农民栽植沿黄生态经济林及农田小杂果，增加林业效益，为下一步发展黄河生态经济林、休闲旅游度假项目打下了良好的基础。鄂尔多斯市乌审旗苏力德苏木陶尔庙嘎查以特色村寨建设为契机，建成了高效益家庭牧场28户以及休闲理疗养生馆、极限运动滑雪场、“五畜文化”土特产加工厂等项目，有力地助推了当地经济的发展。

（四）缓解社会问题，推进民族团结

少数民族特色村寨保护与发展工作，是我国社会主义新农村建设的

重要内容，其目的之一就是缓解少数民族地区在市场经济发展和现代化、城镇化建设加速推进过程中出现的一些社会现实问题，推进民族团结进步。正如学者所谓："侗族特色村寨是指侗族人口相对聚居且比例较高，侗族生产生活功能较为完备，侗族以及其他世居少数民族文化特征及其聚落特征明显的自然村或者行政村。"① 可见这样的村寨往往地处偏远山区，甚至多数在深山中，交通极为不便，经济文化比较落后。在侗族特色村寨保护与发展工作开展之前，侗族村寨的青壮年多进城务工，不少定居在城市，经年累月不回故土，所以三江侗族自治县各村寨空巢老人、留守儿童等一系列社会问题十分突出。侗族特色村寨的保护与发展工作开展后，由于当地特色产业的大力推进，许多外出务工的青壮年重返家乡，很大程度缓解了空巢老人、留守儿童等一系列社会问题。在采访马鞍寨"芦笙客栈"老板娘吴女士时我们了解到，原来马鞍寨有约 90% 的留守儿童，随着近几年来高铁、高速公路的开通，侗族特色村寨民族风情旅游等的繁荣发展，三江侗族特色村寨留守儿童的数量下降到了 30%，外出打工人员数量减少，夫妻双方返乡创业或者夫妻一方返乡创业的人数增加，村寨中空巢老人的状况也得以缓解。

另外，三江侗族自治县各级政府及其相关部门和群众性自治组织在侗族特色村寨保护与发展过程中，始终将民族特色村寨保护与发展工作和民族团结进步创建工作紧密结合，他们通过申报、宣传、开展特色文化体育项目、侗族传统文化知识竞赛等多种形式的活动，巩固、促进了各民族和睦相处、和衷共济局面。

（五）创新经营管理模式，促进治理体系和治理能力现代化

在特色产业凝练、确立前提下，三江侗族特色村寨的特色经济活

① 吴泽荣：《广东少数民族特色村寨保护与发展的思考——以连南南岗千年瑶寨和乳源必背瑶寨为例》，载《广东技术师范学院学报》2012 年第 7 期。

跃，地方经济大踏步发展，但村寨内部村民间以及不同村寨间的利益冲突却变得愈加明显，所以，村寨的经营与管理问题变得越来越复杂。为平衡、协调各方利益，确保村寨在和谐中持续发展，各特色村寨根据本村寨历史传统、民族风俗和实际情况探索创新出各具特色的村寨经营管理模式。比如，特色产业发展较好的村寨依托特色产业确立了特色产业管理模式，通过采用现代企业、产业管理制度，管理手段和方式方法，在管理企业、产业的同时也对寨内居民予以管理或施以服务。比如，旅游业相对成熟的村寨探索出旅游业主导下的村民合作社“共享”模式，推选合作社负责人、组建合作社管理服务机构，根据村民出资比例共享受益、共担亏损，较好地契合了市场经济发展规律；再比如，有距离公路较远，旅游基础建设待大力开发的特色村寨，除了探索村寨参与旅游制度外，还引资外来企业，由外来企业主导，本村寨参与。村寨推选村民，成立机构，作为村寨与外来企业联系的纽带，对村寨村民负责并汇报情况，对外来企业提供服务、进行沟通、施以监督。这些新型的经营管理模式，一定程度弥补了基层政府和基层群众自治组织管理服务能力的不足，较好地促进了本村寨的和谐、稳定、发展，较大地提升了少数民族地区治理体系和治理能力现代化水平。

四、少数民族特色村寨保护与发展存在的问题

我国少数民族特色村寨保护与发展工作所取得的成效是显著的，但距离当地民众和社会各界的要求还有相当大差距，还存在着诸多问题，细致梳理主要有下述体现：

（一）整体风貌遭破坏现象并未杜绝

我国少数民族特色村寨建筑多为竹、木结构，易遭受蛀虫腐蚀、防火比较困难，同时自然侵蚀也比较快，不易保养，还有一个很大的问

题是无法加盖多层，一般为两三层，比较低矮。这些不利、不便是少数民族特色村寨保护所面临的现实困难。在旅游业相对不太活跃、距离大道较远的特色村寨，政府的资金支持和宣传力度相对较弱，因此，有的村寨村民在翻盖、修复自住的特色民居或盖新房时多选用砖混结构，使得村寨的整体风貌受到破坏。即使是在大道边、旅游业发展较好的侗族特色村寨，村寨整体特色风貌遭破坏的现象也时有发生。如三江侗族特色村寨保护比较完整的“程阳八寨”“高定侗寨”“高秀侗寨”等，村寨村民修复自住的民居也没能真正做到“修旧如旧”，不协调的个别民居依然未能得到整改，新建的民居现代色彩依旧突出明显，作为程阳八寨之一的岩寨的这一现象还比较普遍，钢筋水泥现代建筑随处可见。虽然政府已经提出了在砖墙外面装饰上木板的建议，但是由于缺乏相关部门的规划、引导和管理，再加上政府财政资金支持力度不够，百姓受益不大，政府提出的意见收效不明显。在一些侗族特色村寨走访中我们发现，一些年代久远的木构建筑存在破败不堪，甚至倾斜坍塌的情况，村民由于缺乏维修意识或者重建资金仍然不得不居住在危旧破败不堪的木楼里，而更多外出务工的村民则选择放弃以前的木楼，重新选址，修建砖混建筑。由此，民族村寨整体风貌遭到了严重的破坏。

（二）急功近利急于求成，无助于科学发展、可持续发展

少数民族特色村寨的保护与发展是一项长期的系统性工作，要实现特色村寨科学、可持续发展，应该坚持保护优先原则，在保护中求得发展，绝对不可以为了眼前利益而牺牲长远和根本利益。但是由于特色村寨不少村民文化水平较低、目光见识不够，再加上政府对特色村寨保护与发展的重大意义宣传不够，并且无论是基层政府、村寨村委会还是村民都有经济发展的急迫冲动，将经济收入作为衡量特色村寨保护与发展成效的重要评判指标，如此意识造成了有的特色村寨存在破坏性发展、掠夺性开发的现象，存在着以环境、资源为代价发展旅

游或特色产业的现象，这些都是急功近利、急于求成的表现，无疑从根本上、长远上有害于侗族特色村寨的保护与发展。

（三）资金不足，保护与发展力度不够

必要的资金是少数民族特色村寨保护与发展所不可或缺的。少数民族特色村寨所在地区相对比较偏远，交通状况不便，同时村寨的经济状况相对较差，村寨本身没有什么公共积累，地方各级政府财力有限，所以民族特色村寨保护与发展资金靠地方基层更难。近年来通过引进资金、开发旅游虽然有一定好转，但完全依靠旅游引资保护与发展民族特色村寨是不现实的，一方面，对那些较偏远、村寨建筑比较破旧的特色村寨来说，很难引进企业开发旅游；另一方面，对于那些产值较低、劳动力密集而市场需求不高的特色产品，也不会有多少企业愿意投资开发。我们在走访、座谈中了解到虽然自少数民族特色村寨保护与发展工作启动以来，国家和地方各级政府加大保护与发展力度，资金投入逐年略有增加，但对于少数民族特色村寨的保护与发展而言，政府的公共资金投入还是不够的，特别是对那些企业投资意愿不强的少数民族特色村寨而言，保护与发展的资金不够、力度不足，极大地制约了特色村寨保护与发展工作的高效开展。

（四）部门协作不够，保护与发展合力没有形成

我国是一个多民族的国家，各民族分布具有“大杂居，小聚居”的特点，在我国几乎每一个少数民族自治县其民族成分都不是单一的。以三江侗族自治县为例，三江侗族自治县是一个多民族的自治县，居住着侗、苗、瑶、壮、汉等民族。几乎每个侗族特色村寨其民族成分都不单一，因此民族协调工作任务繁重。为更好地推行民族政策，促进各民族团结，实现各民族共同繁荣，我国设立了民族宗教事务局这一专门机关。

县民族宗教事务局是我国设立的专门进行民族事务管理和服务的国家行政机关，是沟通少数民族与政府的桥梁与纽带。但由于县民族宗教事务局的机构设置、人员编制有限，再加上该局还有其他事务需要负担，致使很难高效开展与较好完成少数民族事务。目前侗族特色村寨的保护与发展工作具体由县民族宗教事务局落实，虽然县旅游局、县城乡规划局、县国土资源局、县非遗保护中心等部门被明确为少数民族特色村寨保护与发展工作的协调配合部门，但它们与县民族宗教事务局在具体工作中如何分工，相关部门怎样协调配合，现行法律没有作出任何规定，所以实际工作中相关部门配合不够，协调不足，无法形成少数民族特色村寨保护与发展的合力。

（五）利益分配不尽合理，村民积极性没完全调动

对特色村寨实施了一定的整改，以吸引游客，开发旅游业，从而充实保护资金，走可持续发展的生态之路是少数民族所在地政府进行特色村寨保护与发展的一大举措。政府具体实施方式是，政府替自愿发起整改的村民预付改造资金，村民在获得收益后逐年将资金还给政府。但是笔者在走访中发现，有的村民不愿意接受整改，原因是景点给予的分红太少，通过整改来增加的收益微乎其微，甚至认为连政府预付的资金也无法还上。以三江侗族特色村寨为例，2016 年程阳八寨之一的平寨的景区门票分红为每户 200 元，前几年有的 100 元还不到，实际上村寨旅游收入的 80%被承包开发的公司拿走，村寨百姓拿到的仅约为 5%，剩余 15%归政府所有。另外，表面上看特色村寨旅游收入是按户分配的，很平均，但是每户的人口多少不一，实际分到每个人头上的就是不一样的。此外，有的民居特色较突出，游客参观访问就较频繁，而有的民居实际上游客光顾得不多，旅游收入平均分配做法的合理性也值得考究。利益分配不尽合理的现象挫伤了特色村寨村民参与村寨保护与发展的积极性。村民参与旅游经营的程度大致有三种情形：无参与、一般参与和成功参与。在三江林溪独侗寨走访时村

支书告诉我们:"我村村民大多不愿意经营旅游商品，他们没有经商头脑，特别是年轻人进城，村里只有老年人的现实下。老年人大多50多岁了，没有什么文化，所以目前只有约三分之一的村民参与旅游经营，大部分村民还耕种庄稼。对于大多数村民来讲，发展旅游、开发特色村寨并没有给他们带来什么收入。"应该说少数民族特色村寨是村民的特色村寨，特色民居是村民居住和生活的场所，离开了村寨村民的积极参与和全身心投入，想取得保护与发展的完全成效是不现实的。

五、少数民族特色村寨保护与发展的对策

为推动三江侗族特色村寨保护与发展工作顺利展开、取得预期成效、达致既定目标，针对该工作存在的问题，特提出以下对策建议:

(一)民主立法，严格执法

少数民族特色村寨保护与发展工作应纳入法治轨道。这一判断的理由主要有三点:其一，在法治国家、法治政府、法治社会三位一体建设和全面推进时代背景下，法治理念深入人心，法治已经成为国家、社会治理的一项利器、重器，少数民族特色村寨工作也不例外。其二，少数民族特色村寨保护与发展工作是一项十分复杂的系统性工程，其间存在着特色民居村民个体与村集体的利益冲突与协调，存在着国家利益、社会公共利益、集体利益的权衡，存在着眼前利益与长远利益的取舍。[①]法律作为社会关系的调整器，可以有效地权衡、取舍和协调各种复杂的利益关系。其三，法律是实践经验的总结，将少数民族特色村寨保护与发展经验上升为法律，加以推广，无疑是快捷有效的。

目前贵州黔东南、广西融水等地业已颁行地方性法规，将特色村寨

① 陈莉莉、邓婕、曾相征:《少数民族特色村寨开发村民受益机制研究——以西江千户苗寨为例》，载《民族论坛》(学术版)2011年第10期。

保护与发展工作纳入法治轨道，更多地方正在或者准备开始着手落实本地民族特色村寨保护与发展立法工作。《三江侗族自治县少数民族特色村寨保护与发展条例》已经颁行，开全国地方立法先河，该条例的制定采取委托专家学者和实务界人士联合起草模式，起草小组在起草该条例时进行实地调研，采取微信、短信、邮件、信件等多形式，多渠道充分听取各方面利益主体的意见建议，多次展开论证会、座谈会，这些做法很大程度上保障了立法的科学性、民主性。我们在调研中发现三江县、侗族特色村寨所在乡镇和特色村寨村委会等对《三江侗族自治县少数民族特色村寨保护与发展条例》进行了大力宣传。采取张贴、宣讲等方式让村寨民众和游客等知悉该地方立法，但是对违反村寨保护与发展的行为却没有一个明确的执法机关制裁，当地政府及其相关部门对破坏特色村寨的行为往往也睁一只眼闭一只眼，所以，破坏侗族特色村寨的行为虽然被立法禁止，但在实际层面还没有做到令行禁止。笔者认为应该加大执法力度，设置专门的侗族特色村寨保护与管理机关，对破坏侗族特色村寨的各种行为严格依法追究其法律责任，同时对执法者加强责任制追究，使其严格、公正执法，确保已经制定的地方立法得以实施。

（二）科学规划，分类保护，发挥规划的指导作用

少数民族特色村寨保护与发展工作，关系到村寨的长远发展，因此，必须坚持全局统筹、整体谋划，切不可虎头蛇尾，这就要求必须针对特色村寨保护与发展工作制定规划，在保护与发展规划中明确保护的客体和保护的内容，同时根据保护客体的不同，具体分类，然后采取相应的保护手段，比如对物质文化遗产和非物质文化遗产，绝不可能采取一样的保护方法、措施、手段；同样是物质文化遗产，对特色民居的保护与对侗族风雨桥的保护，在保护措施、手段、方法上也不可能完全一样，只有坚持规划先行、分类保护的策略，才可能奏效。

民族特色村寨的保护与发展工作在我国践行不久，具有一定的开

创性。国外的经验虽可以借鉴，但源于国情、地况、文化传统和民俗等的差异，绝对不可以照搬照抄，因此必须充分发挥专家学者的指导、咨询作用。目前我国大多数少数民族特色村寨都在地方规划的基础上，编制了本地的民族特色村寨保护与发展专项规划，有的村寨还着手编制了五年规划。从实践反馈上看，凡是规划做得好的地方，民族特色村寨保护与发展工作也开展得卓有成效。比如湖北咸丰专门聘请清华大学城市规划设计院和湖北省苗学会联合编制了本地的苗族特色村寨保护与发展规划，该地的特色村寨保护与发展工作取得了极大成效。有了科学的规划，并且确保按照既定的规划严格执行，就能确保少数民族特色村寨保护与发展工作长期化、稳定化、有序化进行。

（三）多元筹措资金，加大保护与发展力度

毫无疑问少数民族特色村寨保护与发展工作涉及面极广，保护与发展的内容众多，资金需求量很大，因此需要多元筹措资金才可以加大保护与发展力度。

第一，少数民族特色村寨保护与发展需要政府主导，需要政府加大保护与发展力度，公共资金的投入是必不可少的，而且需要随着经济发展相应加大资金投入的比例，离开了政府公共资金的投入，依靠民间资本是不可能完成公益事业建设的。目前看来，虽然国家和地方各级人民政府对少数民族特色村寨保护与发展工作有一定量的资金投入，但总量显然不够，同时每个特色村寨平均分配保护与发展资金，这一撒胡椒面的做法更分散了有限的保护资金。笔者建议应该重点突破，力争保护一个、建成一个、办好一个，各个突破，逐渐形成规模效应。

第二，客观说单单依靠政府公共资金的投入保护与发展少数民族特色村寨也是不现实的。一方面，政府的财力是有限的；另一方面，完全由政府统抓，不充分发挥社会的积极性，想使少数民族特色村寨保护与发展这一社会性工作取得成功也是不可想象的。所以，需要发挥多方主体的能动性，多方筹措资金，比如可以引进企业资本，基于本

地实际情况开发当地的特色旅游资源；积极调动特色村寨村民的投资积极性，由村民经营农家乐，出售民俗旅游产品。只有多方筹措，才可以为少数民族特色村寨保护与发展求得足够资金。

（四）多部门联动，形成保护与发展合力

少数民族特色村寨保护与发展工作是一项专业性极强的工作，需要专门的保护与发展机关、部门，有的地方设立本地的县民族特色村寨保护与发展局，笔者认为这样的做法值得借鉴，有利于少数民族特色村寨保护与发展理念的宣传和深入人心，从长远意义上看有利于少数民族特色村寨保护与发展工作取得成功。

当然仅仅依靠少数民族特色村寨专门保护与发展部门，很难达致预期目标，因为少数民族特色村寨的保护与发展工作是一项系统性、艰巨性工程，离不开其他相关部门的配合协作。比如民族宗教事务局，少数民族特色村寨的保护与发展需要结合少数民族的风俗人情，需要切合少数民族的历史文化传统，只有这样才有群众基础，才能够深入人心。对村寨保护与发展意义等的宣传教育，提高村寨村民保护与发展特色村寨和民族文化的意识，无疑离不开民族宗教事务部门的协作配合。再比如，少数民族特色村寨的保护与发展规划的制定、执行，离不开城乡规划、政法部门的协作，对破坏少数民族特色村寨，构成危害社会治安管理行为的，需要公安机关依法处罚。正如有学者所言："在我国，少数民族特色村寨的保护与发展工作是事关民族团结和各民族共同繁荣、共同进步的重大工作，该工作涉及经济社会发展的方方面面，因此，该工作的完成和成效取得确实需要政府各职能部门通力合作，齐心协力，形成联动合力，否则，单靠一家或者为数很少的几个职能部门单打独斗，很难取得预期效果。"[①] 目前我国少数民族特色村寨的保护与发展工作既没有专门的保护与发展部门，其他部门的通力

① 尹绍亭：《文化生态与物质文化》，云南大学出版社 2012 年版，第 213 页。

合作也没能形成，应该组建专门的部门，同时明确合作机关及其具体的合作事项以及合作机关推诿合作职责时应承担的法律责任。

（五）确立利益共享机制，充分发挥村民力量

少数民族特色村寨具有地域性，所在地的村民和基层组织在保护与发展方面具有不可取代的作用。少数民族特色村寨归根结底是少数民族地区村民的特色村寨，是他们智慧的结晶，离不开他们的积极性、创造性。所以，只有充分调动少数民族特色村寨所在地基层组织和村民的积极性，让他们切身投入村寨的保护与发展中来，特色村寨的保护与发展才可以变成一项日常性工作、常态化工作，也只有这样对特色村寨的保护与发展才可以落到实处。当然，要想使特色村寨所在地的村民自觉、自愿地投入特色村寨保护与发展工作中来，其必要的前提是让村民从中得到真正实惠，公平分享相应利益。近年来，我国绝大多数少数民族特色村寨在政府的引导下，发展特色产业。通过特色民居改造打造农家乐，推动少数民族特色村寨旅游业发展；挖掘少数民族饮食文化，发展少数民族特色餐饮业；扶持民间艺术团体表演，弘扬少数民族传统文化；扶持少数民族传统手工艺品生产。这样的做法不仅有效地利用市场机制保护与发展了少数民族文化，也拓宽了少数民族地区村民脱贫致富的门路。但是，利益分配不尽合理的现象还普遍存在，因此，应该确立利益共享机制，让每一位村民都能得到相应的实惠与利益，以激发村民热情使其全身心投入特色村寨保护与发展工作中来。

第二章 少数民族特色村寨保护与发展的实践与立法

“科学立法、民主立法”为立法应遵循的基本原则。要想实现科学立法和民主立法，要想确保所颁行的少数民族特色村寨保护与发展法能够切合少数民族特色村寨的实际，真正实现该法制定的目的，必须在我国少数民族特色村寨保护与发展的实践中梳理经验，总结教训，将实践中行之有效的保护措施、方法和保护机制、保护程序等法律化，以指导少数民族特色村寨保护与发展工作高效、顺利进行。另外，新中国成立以来，特别是改革开放以来，我国在中央层面和地方层面已经颁行了一些与少数民族特色村寨保护与发展相关的立法，虽然它们大都不是直接针对少数民族特色村寨保护与发展的，但与之相关的还是并不鲜见，少数民族特色村寨保护与发展法的科学、理性制定，离不开对其立法经验的梳理和总结，同时这也是法律规范稳定性的原则要求。因此，在本章中，我们将对新中国成立以来，保护与发展少数民族特色村寨的实践与相关立法进行梳理，以服务少数民族特色村寨保护与发展法的颁行。

一、少数民族特色村寨保护与发展的实践

中华民族历来有保护与发展优秀民族文化遗产的优良传统。新中国成立后特别是改革开放以来，政府更是十分重视保护与发展优秀的民族文化遗产，投入了大量的人力、物力、财力，在民族文化，包括少数民族优秀文化遗产的保护与发展方面取得了令人瞩目的成就。

（一）新中国成立至二十世纪末少数民族特色村寨保护与发展的实践

从二十世纪七十年代末，文化部、国家民委、中国文联在财政部的支持下，联合开展了收集、整理民间文学艺术的一项系统工程——编纂中国民族民间十部文艺集成志书。据统计全国共有十万名经过培训的调查人员投入了此项工作。这项工作抢救性地挖掘、整理出许多濒临灭绝的民间文化瑰宝。该工程长达三十年，被学界称为："文化领域的鸿篇巨制、文化长城。"① 另外，政府及其相关职能部门还开展了保护与开发传统工艺，针对民族文化的研究、教学与文艺创作，抢救扶持濒危的技艺和艺术等民族文化保护与发展工作。虽说并没有针对少数民族特色村寨进行专门性的、针对性的措施，但通过这些工作，保存了大量宝贵的物质文化和非物质文化遗产，造就了一支有相当学术积累的科研队伍，积累了丰富的民族文化保护与发展的经验。更为重要的是，通过这些工作传播了民族文化保护与发展的理念，极大地提升了人们保护与发展民族文化的意识。毫无疑问这些成就对少数民族特色村寨的保护与发展影响重大、意义深远。

二十世纪末我国针对民族特色村寨包括少数民族特色村寨保护与发

---

① 朱兵:《中国非物质文化遗产保护研究》，北京师范大学出版社 2007 年版，第 123 页。

展所进行的工作主要是开展民族生态博物馆、生态保护区建设的探索。其中比较具有代表性的主要有贵州省和云南省。为了使文化遗产在适宜其生存的环境中得以原状地保存，1996 年我国政府与挪威政府在贵州苗族支系聚居的村寨群，建立了我国第一个生态博物馆，开始对优秀的民族文化进行原状地保护与发展，同时我国政府规划将在西部地区建设 30 个文化生态保护区，这些生态保护区多是我国少数民族优秀传统文化集中的特色村寨所在区。1996 年之后，贵州、云南、四川、广西等地开始在文化生态保存比较完整的少数民族聚居区进行文化生态保护区的探索。贵州省自 1999 年起着手民族村镇的建设和保护工作，建立民族文化生态博物馆、民族生态保护区，建立了“民族村镇保护与建设联席会议制度”，其后首批认定了花溪青岩古镇、平坝天龙屯堡村、雷山西江千户苗寨、黎平肇兴千户侗寨、三都怎雷水族村寨、六枝梭戛长角苗等 20 个重点民族村镇。接着贵州省城乡规划设计研究院和贵州省建筑设计研究院联合为首批认定的 20 个重点民族村镇绘制了保护与建设的平面图及核心区详规图，为被保护发展的重点村镇奠定了基础，提供了保障。云南省在 1999 年也开始着力建立民族文化生态保护试验区。另外，自 1987 年开始，国家文化部为保护与传承优秀文化遗产，在全国范围内开展了“特色艺术之乡”“民间艺术之乡”的命名活动，鼓励、引导和支持各地对优秀传统民间艺术和特色艺术进行收集整理、保护与开发。1988 年、1996 年、2000 年文化部命名三批共 412 个具有浓郁民族民间文化艺术风格和文化特色的县（市、区）、乡（镇）、村（寨），其中有不少是少数民族特色村寨，命名活动的开展很大程度地保护与发展了少数民族特色村寨。

（二）二十一世纪以来少数民族特色村寨保护与发展的实践

二十一世纪以来，在国际范围内兴起了一场保护与发展文化遗产的高潮。其表现之一就是联合国教科文组织在全球范围内启动了“人类口头及非物质文化遗产代表作”评估活动，各国政府十分重视，我国也是一样。我国社会各界对文化遗产包括对少数民族特色村寨、特色建筑等的关注越来越多。各级人民政府对此工作也越来越重视，逐渐把物质文化遗产保护与发展工作纳入议事日程。2000 年文化部启动“人类口头及非物质文化遗产代表作”的申报和评估工作。自 2000 年 11 月《云南省民族民间传统文化保护条例》出台后，全国绝大多数省份均出台地方性法规，保护与发展民族民间文化，极大地促进了民族民间文化保护与发展的水平。据资料显示：“2003 年 1 月，国家文化部、国家财政部和中国文联以及国家民委等部门联合启动了中国民族民间文化保护工程，并成立了专门的领导小组和专家委员会。为了进一步加强我国文化遗产保护，继承和弘扬中华民族优秀传统文化，推动社会主义先进文化建设，国务院于 2005 年 12 月发出《国务院关于加强文化遗产保护的通知》，决定从 2006 年起，每年 6 月的第二个星期六为我国的文化遗产日。”[①] 根据《国务院关于加强文化遗产保护的通知》的精神，国家成立了国家文化遗产保护领导小组，专门研究解决文化遗产保护发展工作中的重大问题。在国家加大对文化遗产保护发展工作投入的同时，浙江、广东、贵州、云南、广西等省区都安排了民族文化保护发展专项资金。比如贵州省成立了贵州省民族村镇保护与建设联席会议，截至 2015 年，先后投入近千万元资金用于非物质文化遗产的收集整理，传承人的培训，以及对特色村寨的基础设施建设、历史街区维修等工作。总之，可以说，二十一世纪以来我国文化遗产包括少数民族特色村寨的保护与发展工作全面推进，主要包括以下内容：

1. 特色产业培育。在国家民委印发的《少数民族特色村寨保护与发展规划纲要（2011—2015 年）》（以下简称《纲要》）中，少数民族特色村寨特色产业的培育被作为少数民族特色村寨保护与发展的一项具体任务和主要工作。《纲要》规定：“经济发展是各项事业发展的基础，

---

① 郭占锋、罗树杰：《发展视角下的少数民族文化产业化——基于云南的田野调查》，载《中国农业大学学报》（社会科学版）2010 年第 3 期。

加快少数民族特色村寨经济发展，培育‘一村一品’的特色产业，增加群众收入，是实现少数民族特色村寨可持续发展的重要保障。”《纲要》列举了民族特色产业主要有：第一，民族特色旅游业。要求充分发挥村寨自然风光优美、人文景观独特的优势，把经济发展与特色民居保护、民族文化传承、生态环境保护有机结合起来，培育壮大特色村寨乡村旅游。第二，民族传统优势产业。要求充分依托当地土地、草原、林地等优势资源，利用现代技术提升传统种养业，鼓励村民优化种养结构，发展特色种植、养殖，提高经济效益。保护少数民族特色村寨的特有品种资源，大力发展绿色无污染的原产地名、优、特农牧产品，大力发展特色农副产品、畜产品深加工，扩大生产规模，促进产业化。保护具有民族特色的传统生产技艺，充分挖掘少数民族生产生活习俗等特色资源，扶持和发展家户小作坊，积极生产具有民族特色、地域特色的传统手工艺品、食品、旅游纪念品。

二十一世纪以来，一些少数民族村寨依托当地丰富、独特的自然资源，如矿产资源、草原资源、林地资源、土地资源等发展相关的特色产业，很快实现了脱贫致富。近年来，内蒙古、青海、宁夏等地依托当地的特色生态环境，大力发展现代畜牧业和畜产品加工业，这些在当地传统产业基础上发展起来的特色产业都成为当地的支柱产业。广西三江是一个素有“九山半水半分田”之称的少数民族自治县，也是我国侗族特色村寨保护最完整、最具有特色的地方，其所处的经纬度被世界公认是“黄金产茶区”。据《广西日报》报道：“自新世纪以来，三江侗族自治县的八江镇布央村开荒种茶，这一开创性的举动是点燃三江侗族自治县侗乡大规模种植茶叶的星星之火，很快，茶叶产业的燎原之势在三江侗族自治县侗乡逐渐蔓延。以时间节点为线索显示，2007 年该县政府出面整合各部门资金，正式、明确开始大力度扶持茶叶产业，同时，三江侗族自治县颁行了规范性文件——《关于加快茶叶产业发展的决定》，表明了政府大力扶持茶叶产业这一特种产业的立场；2009 年，三江侗族自治县明确提出三江农业重点发展‘两茶一竹’；2012年明确在全县加强茶叶公共品牌建设和管理，成功申报了地理标志保护产品，创建了中国名茶之乡和中国有机茶之乡；2014年出台《关于加快现代特色农业产业发展的决定》，加强茶叶种植、品种改良、技术培训及质量管理工作，做大三江春等区域性品牌；2017年2月28日，中国三江茶城正式开业，全力打造广西三江茶都。”① 据统计，三江有茶园17.1万亩，实现村村种茶，约有4.3万贫困人口从事茶叶种植、加工及关联产业。从2000年开始，该县的茶叶产业已经帮助7万多贫困人口顺利脱贫，更多茶农逐步走向富裕。

通过对特色产业的培育与发展，一方面极大地推动了少数民族特色村寨乡村经济的发展，另一方面，也为少数民族特色村寨其他各项事业的发展奠定了经济基础。

2. 特色民居的保护与建设。建筑是历史优秀文化的结晶和载体，各民族的建筑形式各样且别具一格。有学者谓："少数民族特色村寨建筑集中反映了一个民族的生存状态、审美情趣和文化特征。" ②

少数民族民居形制多样，蔚为大观，有帐篷式建筑（蒙古族、哈萨克族的毡房，藏族、裕固族的帐篷等），院落式建筑（回族、满族、维吾尔族的院落民居，白族的三坊一照壁），干栏式建筑（源于巢居，如傣族竹楼，德昂族、壮族、侗族的木楼，土家族的吊脚楼），碉楼式建筑（藏族、羌族的碉楼），窑洞式建筑（西北回族的窑洞）。单就建筑的屋顶就有平顶、斜面（单斜面、双斜面、四斜面）、拱顶（圆顶、拱形）等。从建筑用材看，有石料、土坯、木料、毛毡、竹子、茅草等。少数民族民居以丰富多彩的样式充实了中华建筑文化的宝库，是我国建筑艺术和技术的重要组成部分。

少数民族建筑有以下几个特点。一是注重村寨选址，注意与周边自然环境的协调搭配，适应自然环境。如少数民族特色村寨的选址通风

---

① 谌贻照、吴练勋：《一片叶子“兴”侗乡》，载《广西日报》2017年8月2日第6版。

② 赵静：《村寨涵养文化：少数民族特色村寨内涵式发展之路》，载《桂海论丛》2015年第4期。

向阳、临近水源，地处半山坡（既可以防洪，也不占用宝贵稀缺的耕地），村上森林茂密（防止地质灾害同时还利于涵养水源），村寨内田陌纵横（便于生产生活）。少数民族村寨与自然环境非常协调，那绿水青山中的傣族村寨，大清树和楠竹遮掩辉映下的德昂族村寨，高山草原中的哈萨克族毡房，等等，都是长期以来人们适应自然环境选择的结果，体现了我国少数民族与自然和谐相处的发展理念。二是建筑材料大多取自当地，具有经济、适用的特点。如傣族竹楼适合潮湿闷热的气候，便于通风与散热；藏族碉堡式建筑，坚固耐用，利于保暖防寒；蒙古族和哈萨克族的毡房，便于拆卸，十分适合游牧民族的生活。三是展示民族历史文化气息。少数民族村寨都有一些标志性公共建筑，如寨门、寺庙、戏台、鼓楼、风雨桥、凉亭、水井等，都反映了各少数民族的文化特色。四是体现了各民族的传统营造法式和建筑技术。如侗族鼓楼、风雨桥建筑，不用设计图纸，不用一颗铁钉，全部采用榫卯结构，显示出高超的建筑技艺。少数民族传统建筑体现了各民族的智慧和创造力，是中华建筑艺术宝库中的瑰宝。随着时代的发展，少数民族民居也不断发展变化，影响变化的因素主要有建筑材料、经济成本、坚固耐用、防火防震、功能扩展、追求时尚等。分析这些影响因素对有针对性地开展工作非常必要。

影响最大的是建筑材料变化，近年来砖瓦、钢筋水泥取代了茅草木料和石料。过去少数民族盖茅草房、杈杈房主要是受条件限制。如德昂族的传统民居是茅草房，在二十世纪六十年代当地经济发展能生产砖瓦后部分群众把茅草换成砖瓦，把竹篾篱笆墙换成木板墙，用材虽然有变化，但是干栏式结构没有改变。但二十世纪八十年代改成砖瓦墙后，使德昂族特色村寨的风貌发生了很大变化，特别是近年来大量使用水泥板和空心砖，这种千篇一律的模式丢掉了地区、民族、乡村特色。还有功能以及安全需要，如人们对于厨房、卫生间以及分割私人活动空间的需求带来房屋内部空间布局的变化；新式灶具（节材灶、沼气）的使用使得火塘消失；家用电器的使用以及厨房、卫生间（洗浴）的设置对防火、防水提出更高的要求，等等。但有的变化不完全出于经济考量或者实用功能，如许多人为了个人喜好和追求时尚，在外墙贴瓷砖等。

特色民居不仅是文化遗产，也是宝贵的资源。过去，人们对民族村寨旅游开发价值和文化保护价值缺乏足够的认识，一些地方把拆掉少数民族传统建筑，盖砖瓦房屋和平顶水泥建筑视为时尚，使得少数民族特色村寨优美的田园风光受到很大破坏。近年来，随着少数民族地区旅游业的兴起，少数民族特色村寨的保护和发展问题越来越引起人们的高度重视，许多地方在交通干线和旅游区沿线，通过民居改造恢复了一些少数民族特色村寨的自然风貌。

特色民居的保护与发展，应根据不同类型采取保护、改造、新建等不同的方式。通过保护一批、改造一批、新建一批特色民居，保护传统民居的营造法式和建筑技术。

所谓保护一批，就是对那些有文化价值的百年老宅、少数民族历史名人故居等建筑进行修缮加固、采取防火措施。对这类民居的保护，在维修、保养时应做到“整旧如旧”“原汁原味”，保持原有风貌。

所谓改造一批，就是在旅游景区，对那些乱搭乱建，没有民族特色的建筑实行“穿衣戴帽”，使之与周围环境相协调。

所谓新建一批，就是通过专业人员设计图纸，引导群众建设一些有民族特色的新民居。新民居的外观运用一些民族建筑元素，保持传统特色，但内部空间格局和设施却是现代的，主体结构也可使用现代建筑材料。

配合民居改造，开展村容村貌整治，有利于改善人居环境，提高村民生活质量。对于按规划进行特色民居保护和建设的农户，应给予一定数额的补助。通过项目示范、政府引导和政策扶持，鼓励群众保护和建设特色民居，经过若干年努力，在一些重点保护的文化生态区，形成一批集中连片、特色鲜明的少数民族乡村聚落。

3. 特色文化发展。发展少数民族特色、优秀文化是少数民族特色村寨保护与发展的一项重要任务。

加强少数民族特色村寨建设首先需要加强文化基础设施建设。例如，需要加强少数民族特色村寨的文化馆、文化站、文化活动室建设，提高村寨广播电视覆盖率、无线网络覆盖率，实现广播电视村村通。这些工作需要政府多个相关职能部门通力协作，需要多渠道筹措资金，努力加以解决。广西三江侗族自治县2015年政府工作报告中写道："社会事业不断加强。优先发展教育，全年投入教育经费4.16亿元，改善办学条件，加强师资培训，提高边远乡村教师生活补助，改善学生营养，实施本土教师培养和退休教师返聘计划，促进教育均衡化发展。推进县级公立医院改革，加强卫生队伍建设，改善基层医疗卫生条件。强化计生服务与管理，计生各项指标均控制在上级下达的指标范围内。推进自治区民族团结进步示范县创建工作，投入8800万元实施富禄、同乐、高基30周年民族乡庆项目85个，有效改善少数民族群众生产生活条件。文体活动广泛开展，广播电视实现村村通。"

福建泉州泉港区山腰街道钟厝畲族村自被列为中国少数民族特色村寨试点村以来，在各级党委政府大力支持引导下，先后投资建设完成了村寨大门、老年活动中心、文化公园、畲族文化馆等，他们大力发展特色文化建设，培育特色文化，提升特色文化的品位，取得了明显成效，他们的做法有："一是建设畲族文化展馆。筹资建设畲族文化展馆，占地面积500多平方米，分为盐技农耕馆、民俗风情馆、服饰坊和文化墙等部分，汇集畲族石磨器、服饰、陶瓷及海盐生产工具、农具等，全方位展现畲族历史内涵和文化氛围，着重突出畲族文化与海盐文化、地方民俗文化的融合与发展。二是发掘畲族文化元素。突出特色文化上墙，在民居的墙体上注入畲族特色的文化元素、符号，通过改造、喷绘、涂鸦等形式，将反映畲民生产生活习俗的畲乡文化搬上墙，形成了一道畲乡风情浓郁的文化长廊。突出特色民居改造，对民居的大门、窗户、前廊、屋檐、屋顶等处进行修复、改造、装饰，协调融入畲族凤凰、彩带、龙角等特色文化元素。突出特色设施建设，建成一批与畲族民居相配套的具有畲族特色的公共设施。三是培育畲族文化艺术。依托民族文化研究会组织开展畲族文化交流研讨会，进一步组建畲族文化研究队伍，收集、整理、研究畲族特色曲目、服饰、舞蹈、山歌等传统文化；依托文化公园、老年活动中心举办'三月三'畲族文化艺术节，通过畲族服装走秀、畲歌对唱、畲族竹竿舞表演等，动态展示畲族传统习俗，丰富畲族文化生活；依托畲族文化馆、文化墙、特色民居等，邀请文艺工作者开展文学、绘画、摄影创作，举办相关展览，进一步扩大影响，展现畲族风情，弘扬畲族文化；依托民族中学，促进畲族音乐、舞蹈、绘画进课堂，畲族服饰进校园，营造民族文化氛围，激发学生对民族传统文化的认同感，弘扬和培育民族传统文化。"①

4. 民族团结进步创建。在少数民族特色村寨保护与发展工作中，借此促进民族关系的更加和谐是一项重要工作。二十世纪以来随着国家和各级政府对少数民族特色村寨保护与发展工作的加强，民族团结进步的创建也进一步提升。

自国家民委开展少数民族特色村寨保护与发展工作以来，内蒙古自治区立足实际，坚持"保护改造特色民居、发展特色产业、改善人居环境、传承特色文化、促进民族团结"五位一体建设方向，在民族团结进步的创建方面取得了明显成效。据媒体报道："阿巴嘎旗萨如拉图雅嘎查共有牧户 134 户、365 人，其中汉族 20 户、60 人。该嘎查采取多种形式开展党的民族理论和民族团结进步宣传教育，争创民族团结进步创建示范单位，全体牧户团结友爱、互帮互助、共同致富。乌兰浩特市三合村是一个典型的少数民族聚居村，全村共有 522 户、1747 人，其中朝鲜族比例为 62%，朝鲜、蒙古、汉、满 4 个民族共同生活，和睦相处，早在二十世纪八十年代，就被国务院授予'全国民族团结进步先进集体'荣誉称号，时至今日，三合村依然保持着民族团结的

① 谢默华：《亚洲博物馆馆长和人类学家论坛文集》，云南出版社 2014 年版，第 232 页。

光荣传统。通辽市科左中旗浩日彦艾勒嘎查在文化活动广场设立民族团结进步活动长廊，采取图文并茂、生动活泼的形式宣传党的民族政策，宣传民族团结进步创建活动中涌现出的典型事迹和先进人物。赤峰市翁牛特旗格日僧苏木巴彦塔拉嘎查在特色村寨打造中，把宣传党的民族政策和法律法规放在突出位置，统一制作大型户外广告牌匾434平方米，加强商户牌匾蒙汉文并用工作，在苏木所在地巴彦塔拉悬挂民族特色宣传标语120多幅。巴彦淖尔市磴口县沙金苏木巴音宝力格嘎查是典型的蒙古族聚居嘎查，蒙古族群众中有50%以上信仰伊斯兰教。在开展少数民族特色村寨建设当中，将蒙古族传统文化与伊斯兰教文化有机结合，做到了团结共荣、和谐共处。”①

在少数民族特色村寨保护与发展活动中，各少数民族特色村寨均进行了民族团结宣传教育，制定民族团结公约，开展民族团结进步示范村创建活动。近年来，大理漾濞县坚持“绝不让一个兄弟民族掉队”的信念，以民族团结进步示范区创建活动为统领，以“十百千万”工程为平台，加大资金投入，积极开展少数民族特色乡镇、少数民族特色村寨、民族团结进步示范村创建工作，取得了明显成效。据媒体报道:“自创建活动开展以来，漾濞县成立了示范区建设领导小组，并出台了关于开展好民族团结进步创建七进活动工作方案，在政策资金、项目上优先向民族地区倾斜。2013年至今，共投入资金9228.9万元，成功打造1个示范县、1个示范乡镇、1个特色乡镇、6个示范村、7个特色村寨，创建命名了1个省级和谐寺观、57个州级示范单位、100个县级示范单位。2016年，漾濞县被州委、州政府命名为‘大理州第二批民族团结进步创建活动示范县’，平坡镇被命名为‘全国民族团结进步创建活动示范乡镇’。”②

---

① 李干兴:《保护发展少数民族特色村寨 弘扬传承少数民族优秀文化》，载《内蒙古日报》2017年6月15日第8版。

② 穆艳波:《漾濞县民族团结进步示范区创建成效明显》，载《大理日报》2017年11月20日第1版。

二、少数民族特色村寨保护与发展的立法

笔者曾在论文中指出："中华民族有着古老悠久的历史，有着丰富多彩的民族文化，民族文化的多样性盛誉全球，各个少数民族在其历史发展的长河中创造出优秀的民族文化，构成中华民族优秀传统文化不可分割的组成部分，为中华民族文化的绚烂多姿添砖加瓦。但在工业化、城镇化高速发展的时代，我国不少优秀的传统民族文化也面临着逐渐流失、传承无人的尴尬局面。加强对民族文化的保护已经成为我国各界的共识，一些民族文化资源丰富的省、市、自治区已经专门制定了关于民族文化保护的地方性法规和行政规章，旨在加强对民族文化的法律保护。在民族文化中，少数民族优秀的传统文化占据了重要地位，由于少数民族优秀传统文化往往在比较偏僻的乡村，当地的保护条件较为落后，所以民族优秀传统文化的保护问题，近年来日渐引起国家相关部门及社会各界有识之士的高度重视。"[①] 笔者在该文中还指出："2009 年国家民委与国家财政部联合出台了《关于做好少数民族特色村寨保护与发展试点工作的指导意见》，根据一定的标准在全国择选出 370 个少数民族村寨作为'民族特色村寨'进行保护与发展的试点工作，至 2012 年底，中央财政投入少数民族发展基金达 2.7 亿人民币，专项用于试点民族特色村寨的保护与发展工作。"[②] 正如有学者所谓："实践证明这一项目的实施取得了良好社会效果，它极大地调动了少数民族地区民众自觉保护与发展其民族文化的积极性，促进了少数民族地区的团结、和谐，为少数民族地区的科学、可持续发展充实了精神动力。"[③] 为进一步推动少数民族特色村寨保护与发展项目，经国务

---

① 杜承秀：《现行少数民族特色村寨保护立法之缺陷分析》，载《经济与社会发展》2015 年第 1 期。

② 杜承秀：《现行少数民族特色村寨保护立法之缺陷分析》，载《经济与社会发展》2015 年第 1 期。

③ 安学斌：《民族文化传承人的历史价值与当代生境》，载《云南民族大学学报》（哲学社会科学版）2007 年第 6 期。

院批准国家民委于2012年12月5日印发了《少数民族特色村寨保护与发展规划纲要（2011—2015年）》（以下简称《纲要》），《纲要》明确提出在“十二五”期间，在全国范围内重点改造和保护1000个少数民族特色村寨。根据《纲要》的要求，国家民委组织有关专家对各省区申报的少数民族特色村寨保护与发展项目进行评审。2014年1月14—20日，国家民委在其官方网站对拟列入“十二五”时期全国少数民族特色村寨保护与发展名录的1000个村寨名单进行公示。正如笔者在论文中所阐述的那样：“在法治社会理念深入人心，国家全面推进法治建设，法治国家、法治政府、法治社会一体化建设的今天，很明显对少数民族特色村寨的保护应该采取立法手段。有了立法才可以依法保护少数民族特色村寨，加强少数民族特色村寨保护立法的执法工作，做到行政法治。”[①] 虽然对少数民族特色村寨的保护与发展应该纳入法治化轨道，但是现在看来我国不论在国家层面还是在地方层面针对少数民族特色村寨保护与发展的立法还是远远不够的。除为数不多的针对少数民族特色村寨的地方立法外，我国与少数民族特色村寨物质文化和非物质文化遗产保护相关的立法还是不少的，这些立法在现行法律、法规、规章等中都有一些规定，下面笔者对这些规定进行一个简单梳理：

（一）国家层面的立法

1. 现行法律中与少数民族特色村寨保护与发展有关的规定。

《宪法》。现行《宪法》是少数民族特色村寨保护与发展法制定的法律依据。现行《宪法》第4条规定：“各民族都有使用和发展自己的语言文字的自由，都有保持或者改革自己的风俗习惯的自由。”正如笔者在论文中所阐述的那样：“这里的语言、文字、风俗、习惯都是少数民族非物质文化遗产的重要组成部分，是少数民族特色村寨所承载的

① 杜承秀：《现行少数民族特色村寨保护立法之缺陷分析》，载《经济与社会发展》2015年第1期。

精神、所彰显的品性，对少数民族语言、文字、风俗、习惯的保护与发展，绝不可离开对其最直接载体少数民族特色村寨的保护与发展。”[①] 正如西北师范大学彭岚嘉教授所言：“物质文化遗产与非物质文化遗产是紧密相连、相互依存、相互作用的。非物质文化促生物质文化，而物质文化中包含了非物质文化遗产。你中有我，我中有你。从理论上将文化遗产分为物质文化遗产和非物质文化遗产是可以的，但实际操作中两者又是交织在一起的。在保护工作中应该二者兼顾，不可顾此失彼。”[②] 笔者认为：“现行《宪法》明确规定各民族在使用、发展、保持、改革这些非物质文化遗产方面的自由，并将其作为各民族的基本权利予以保护。现行《宪法》第 22 条明确规定了国家在保护名胜古迹、珍贵文物和其他重要历史文化遗产方面负有责任，很显然，有不少的少数民族特色村寨同时是我国的名胜古迹、珍贵文物和其他重要历史文化遗产。”[③]

《民族区域自治法》。该法有不少和少数民族文化保护与发展方面相关的法律规定，《民族区域自治法》第 10 条规定：“民族自治地方的自治机关保障本地方各民族都有使用和发展自己的语言文字的自由，都有保持或者改革自己的风俗习惯的自由。”正如笔者在论文中所言：“这一规定重申了《宪法》第 4 条赋予民族自治地方使用、发展、保持、改革非物质文化遗产的文化权利，确认了保障上述权利是民族自治地方自治机关的一项法定的重要职责。此外该法第 38 条更是明确了民族自治地方的自治机关，保护发展民族文化的权利和义务。”[④]

---

① 杜承秀：《现行少数民族特色村寨保护立法之缺陷分析》，载《经济与社会发展》2015 年第 1 期。

② 彭岚嘉：《物质文化遗产与非物质文化遗产的关系》，载《西北师大学报》（社会科学版）2006 第 6 期。

③ 杜承秀：《现行少数民族特色村寨保护立法之缺陷分析》，载《经济与社会发展》2015 年第 1 期。

④ 杜承秀：《现行少数民族特色村寨保护立法之缺陷分析》，载《经济与社会发展》2015 年第 1 期。

其他法律。正如笔者在论文中所言:“在中国特色社会主义法律体系中，虽然不存在专门针对少数民族特色村寨施以保护与发展的基本法律，但属于基本法律层级的民族文化保护与发展类立法确是存在的，目前主要有《非物质文化遗产法》和《文物保护法》。除此之外大部分法律规范以行政法规或部门规章等较低效力层级的形式存在。当然，一定程度上说《刑法》《物权法》《民法通则》《著作权法》《商标法》《专利法》《行政许可法》《行政处罚法》《城乡规划法》《环境保护法》等基本法律，和少数民族特色村寨的保护与发展也有一定的牵连。”①

2. 现行有效的行政法规和最高国家行政机关颁行的其他规范性文件中与少数民族特色村寨保护与发展相关的规定。

国务院颁行的行政法规在我国法律体系中居于第三法律效力位阶，次于宪法和法律。所谓行政法规是指最高国家行政机关即国务院依据《立法法》所规定的权限，依据《立法法》和国务院《行政法规制定程序条例》所规定的立法程序制定颁行的规范性法律文件。经过梳理、分类、总结，我们可以发现，国务院颁行的行政法规文件中虽没有直接针对少数民族特色村寨保护与发展的行政法规，但是相关的行政法规还是不少的，其中主要是《历史文化名城名镇名村保护条例》《传统工艺美术保护条例》《风景名胜区条例》《文物保护法实施条例》等。少数民族特色村寨中本就有不少是历史文化名镇、名村，有不少是风景名胜区，保护传统工艺美术与文物，当然也无法与其载体之一——特色村寨分离开来。因此，对传统工艺美术和文物的保护与少数民族特色村寨的保护与发展存在着密切联系。

除此之外，国务院还颁行了一些规范性文件，与少数民族特色村寨的保护与发展相关。比如，2005 年 3 月国务院办公厅下发了《关于加强我国非物质文化遗产保护工作的意见》(以下简称《意见》)，确定了

① 杜承秀:《现行少数民族特色村寨保护立法之缺陷分析》，载《经济与社会发展》2015 年第 1 期。

我国非物质文化遗产保护工作的方针目标。这是一个专门针对非物质文化遗产保护的规范性文件。学者认为:“该《意见》充分吸收了《保护非物质文化遗产公约》的精神，并基于中国实际考虑到保护工作的现实需要，是一部针对性很强，可操作性很强的规范性文件。”[①] 该《意见》确立了“保护为主，抢救第一、合理利用、传承发展。正确处理保护与利用的关系，坚持非物质文化遗产保护的真实性和整体性，在有效保护的前提下合理利用，防止对非物质文化遗产的误解、歪曲和滥用”等基本原则和措施方略，对少数民族特色村寨的保护与发展具有明确指导意义。比如，2005 年 12 月国务院办公厅下发了《国务院关于加强文化遗产保护的通知》(以下简称《通知》)，决定从 2006 年起，每年 6 月的第二个星期六为我国的“文化遗产日”，该《通知》要求充分认识保护文化遗产的重要性和紧迫性，并就文化遗产保护提出了指导思想、基本方针和总体目标。针对需要解决的突出问题，《通知》基于我国文化遗产保护的急迫现状进行了明确，提出要对不可移动的文物制定保护规划、切实抓好重点文物的维修工程、加强历史文化名城(街区、村镇)的保护工作、加强对少数民族文化遗产和文化生态区的保护，等等。再比如，2009 年 3 月，国务院办公厅下发了《国务院关于进一步繁荣发展少数民族文化事业的若干意见》，等等。

3. 部门规章中与少数民族特色村寨保护与发展相关的规定。

部门规章是国务院部委依据立法权限，根据部门规章制定程序所制定的行政规范性文件，是我国社会主义法律体系的重要组成部分，对于行政管理工作意义重大，部门规章具有较强的针对性和可操作性，对行政执法意义明显。我国现行部门规章体系中针对少数民族特色村寨保护与发展的不多，主要有《文物行政处罚程序暂行规定》《考古发掘管理办法》《世界文化遗产保护管理办法》《文物保护工程管理办法》等，不再一一列举。值得一提的是，2009 年，国家民委与财政部

① 郑成思:《知识产权——应用法学与基础理论》，人民出版社 2005 年版，第 84 页。

正式开展少数民族特色村寨保护与发展专项项目，联合颁发了规范性文件——《关于做好少数民族特色村寨保护与发展试点工作的指导意见》(以下简称《指导意见》)，进一步增强了少数民族特色村寨保护与发展工作的针对性和实效性，极大地推动了我国少数民族特色村寨的保护与发展，同时为该工作的科学开展与取得实在效果，提供了保障。《指导意见》是我国第一部针对少数民族特色村寨施以保护与发展的规范性文件。2012 年 12 月，国家民委颁行了《少数民族特色村寨保护与发展规划纲要（2011—2015 年）》(以下简称《纲要》),《纲要》明确指出:“支持少数民族特色村寨保护与发展，是社会主义新农村、新牧区建设的重要组成部分，是民族工作的重要组成部分，也是保护中华文化多样性的重要举措。做好这项工作，对于促进民族地区经济发展，传承和弘扬少数民族传统文化，增强民族自豪感，提高各民族的凝聚力、向心力，巩固和发展平等、团结、互助、和谐的社会主义民族关系具有重要意义。”《纲要》明确了我国少数民族特色村寨保护与发展的主要目标和主要任务，同时对组织实施与保障工作进行了具体规定。其后不久，为切实落实少数民族特色村寨保护与发展工作，国家民委组织开展了“少数民族特色村寨”的命名挂牌工作，针对这一专项工作，国家民委专门下发了《国家民委关于印发开展中国少数民族特色村寨命名挂牌工作意见的通知》，首先寻找在这一领域的行家里手，组建了“少数民族特色村寨”专家评审组，然后由各地民委推荐，经专家评审公示后，再报国家民委委务会议批准，评选了我国的“少数民族特色村寨”。目前国家民委已经命名了两批“少数民族特色村寨”，2014 年，国家民委发布《关于命名首批中国少数民族特色村寨的通知》; 2017 年，国家民委发布《关于命名第二批中国少数民族特色村寨的通知》。这两次挂牌命名的少数民族村寨分别有 340、717 个，通过“命名挂牌”活动极大地保障了少数民族特色村寨保护与发展工作的针对性，激励了社会民众尤其是少数民族特色村寨地区居民保护与发展少数民族特色村寨的自觉性、积极性和主动性，提高了少数民族特色村寨居民的民族文化自豪感、自信心。

（二）地方层面的立法

地方性立法在我国《立法法》或者现行法律体系中有地方性法规和地方规章的区别，地方性法规是具有地方立法权的地方人大及其常委会制定的，地方规章是具有地方立法权的地方政府制定的，因此严格意义上看在地方立法部分我们还需要界分地方性法规和地方规章中与少数民族特色村寨保护与发展相关的立法。

与少数民族特色村寨保护与发展相关的地方立法。正如笔者在论文中所描述的那样："目前看来，自国家颁行《文物保护法》以来，地方各省、自治区、直辖市均依据《文物保护法》等上位法并结合本省、自治区、直辖市的实际情况制定了一般性文化遗产保护地方性法规，包括各省的文物保护条例、实施《文物保护法》办法、非物质文化遗产保护条例等，有不少省针对某一文化遗产类别制定了地方性法规，如《云南省民族民间传统文化保护条例》《宁夏回族自治区岩画保护条例》等，还有的省针对特定文化遗产制定专项地方性法规，如《福建省福建土楼世界文化遗产保护条例》。"[①] 笔者同时论述到："相关民族特色村寨保护与发展的地方性规章大致可以分为三类，第一类是针对文化遗产保护而制定的地方性规章，比如《安徽省建设工程文物保护规定》等，第二类是针对某一类文化遗产制定的地方性规章，比如《北京市文物保护单位保护范围及建设控制地带管理规定》等，第三类是针对某一项特定文化遗产制定的地方性规章，比如《西安市丝绸之路历史文化遗产保护管理办法》等。在这些层级效力不一的法律文件内，直接针对少数民族特色村寨施以保护与发展的文件也是不存在的，它们中有的与少数民族特色村寨保护与发展关系较密切，有的仅仅是相

---

① 杜承秀：《现行少数民族特色村寨保护立法之缺陷分析》，载《经济与社会发展》2015年第1期。

关。在这些地方规范性文件中值得一提的是——2008 年 2 月 28 日黔东南苗族侗族自治州第十二届人民代表大会第三次会议通过，于 2008 年 9 月 1 日起正式施行的《黔东南苗族侗族自治州民族文化村寨保护条例》。该地方性法规直接针对‘少数民族文化村寨’这一特定客体施以立法保护，据资料显示，该部地方立法是我国最早的与少数民族特色村寨保护与发展有最直接关系的地方性立法。”[①] 近年来随着人们对文化遗产保护与发展理念的增强，我国有的省市先后出台了更为具体、明确的保护本省区域范围文化遗产的地方立法。比如，2017 年 8 月 3 日，贵州省第十二届人民代表大会常务委员会第二十九次会议通过的《贵州省传统村落保护和发展条例》；2017 年 3 月 31 日，福建省第十二届人民代表大会常务委员会第二十八次会议通过《福建省历史文化名城名镇名村和传统村落保护条例》；2016 年 9 月，江西省第十二届人大常委会第二十八次会议表决通过《江西省传统村落保护条例》；2016 年 8 月 25 日河南省信阳市第四届人民代表大会常务委员会第二十七次会议通过，2016 年 9 月 30 日河南省第十二届人民代表大会常务委员会第二十四次会议批准的《信阳市传统村落保护条例》。这些地方性立法规定的措施、机制更具有针对性，其中也有不少创新性的举措。毫无疑问，对传统村落的保护与发展在逻辑上与对少数民族特色村寨的保护与发展存在着交叉。

目前我国直接针对少数民族特色村寨保护与发展方面的地方性立法还十分有限，据笔者收集到的资料显示，目前仅有四部地方性立法，下面按照立法时间的先后作简单介绍：

第一，《黔东南苗族侗族自治州民族文化村寨保护条例》。该条例 2008 年 2 月 28 日黔东南苗族侗族自治州第十二届人民代表大会第三次会议通过，2008 年 5 月 30 日贵州省第十一届人民代表大会常务委员会

① 杜承秀：《现行少数民族特色村寨保护立法之缺陷分析》，载《经济与社会发展》2015 年第 1 期。

第二次会议批准，2008年6月23日黔东南苗族侗族自治州人民代表大会常务委员会公告公布，自2008年9月1日起施行，总计四十条，对立法目的、民族文化村寨认定的条件、确定的机关、民族文化村寨的保护、管理和利用的主管机关、民族文化村寨保护的范围、禁止的行为及法律责任等问题进行了立法规定。《黔东南苗族侗族自治州民族文化村寨保护条例》的颁行，充分结合了黔东南丰富多彩的民族村寨文化，如何又好又快、更好更快推动黔东南旅游经济向前发展，保护好民族村寨责任重大，意义深远。该条例颁布及其颁行后的执行实践和反馈的问题等为其他地方制定民族特色村寨保护与发展地方性立法提供了经验借鉴。

第二，《三江侗族自治县少数民族特色村寨保护与发展条例》。该条例2015年7月8日三江侗族自治县第十五届人民代表大会第六次会议通过，2015年9月25日广西壮族自治区第十二届人民代表大会常务委员会第十九次会议批准，共二十三条。对立法目的、侗族特色村寨认定的条件和程序、保护发展侗族特色村寨的措施手段及法律责任进行了规定。该条例突出民族文化、生态环境、经济和社会的可持续发展理念；作为民族自治地方单行条例，突出地方特色，体现服务于地方民族特色物质与非物质文化保护的迫切需要。为此，在立法思路上，突出前瞻性、针对性、创新性和可操作性。本条例的起草工作于2012年启动。2015年7月8日，三江侗族自治县第十五届人民代表大会第六次会议通过《三江侗族自治县少数民族特色村寨保护与发展条例》，并于2015年9月25日广西壮族自治区第十二届人民代表大会常务委员会第十九次会议批准。该条例在地方立法方面的经验是值得总结的。

其立法经验主要有以下几点：（1）积极发挥人大在立法过程中的主导作用。在《三江侗族自治县少数民族特色村寨保护与发展条例》的立法过程中三江县人大积极发挥主导作用。具体体现在：其一，科学规划、积极落实。三江县人大注重结合三江的实际，根据县委县政府的工作部署，积极、应时将三江侗族自治县少数民族特色村寨的保护与发展列入立法规划，具体编制了立法计划，并积极主动地推动立法计划的实施，确保条例依照既定计划顺利进行。其二，开门立法、民主论证。多次组织召开专题协调论证会，围绕重点、难点和争议焦点，对法规立项建议进行反复论证，凝聚共识，统一认识。注重运用调研、论证等方法，促进人大相关专工委与政府相关部门、法规起草单位加强沟通研究，力争在关键条款上形成一致意见。其三，组织协调、发挥主导作用。加强立法协调工作是人大发挥主导作用的重要环节。通过强化地方人大在立法中的主体意识，加强立法工作的组织、引导、推动和协调作用，使立法与党委的重大决策部署相衔接，确保地方立法工作更好服务于区经济社会发展大局。其四，主导调研、促进科学立法。为了做好法规调研工作，三江县人大结合立法中的热点、重点、难点问题，深入基层，多层次、多方位、多渠道地掌握第一手资料，广泛了解民情、体察民意、汇集民智，加强对调研结果的归纳分析，使立法充分体现调研成果，使立法工作更加符合广大人民群众的要求，更具有针对性和可执行性。其五，认真审议、确保立法质量。法规审议是提高立法质量的关键环节。在本条例的立法过程中，对于重大问题和较大意见分歧，三江县人大能够积极主动地与相关部门进行沟通，全面了解掌握有关情况，将重大问题和意见分歧解决在草案提交常委会审议之前；能够在法规草案提请常委会审议之前，就法规草案主要情况听取有关部门的汇报，为常委会审议法规草案把好第一道关。对尚有争议的法规草案加强调研论证，直到成熟时再提请常委会审议；能够在法规草案提请常委会审议后，继续抓住影响立法质量、社会特别关注的重大问题，加强调查研究，积极提出修改完善法规草案的意见建议。（2）重视立法工作机制创新。不断完善和创新地方立法工作机制是做好地方立法工作的根本要求。为此三江县人大在这方面进行了大胆创新，在现行法律许可情况下，针对立法的起草、论证、协调、审议、评估、社会参与等环节，结合三江地方的特色和实际情况，进行了机制创新与完善，他们努力探索适合自己本地需要的立法工作体制和机制。为真正实现科学立法、民主立法，三江县人大在少数民族特色村寨保护与发展地方立法的程序中着力推动开门立法。按照要求，涉及三江侗族特色村寨保护与发展的规范性文件和决策、政策等必须全部公示，对规范性文件中涉及群众利益和当地群众普遍关心的问题的规定，必须召开立法听证会。他们创新了立法听证会的方式，针对立法中的焦点问题有时采取电视、广播、网络、微博全程直播的方式举行范围更广泛的公开立法听证，有时采取召集立法座谈会的方式，邀请相关人员到会听取意见。另外，三江县人大着力强调要健全人大主导的立法体制，在立法起草、立法调研和其后的立法论证、协调、审议等工作中均实现人大主导。他们还较早试行了立法前评估制度，尝试健全专家参与立法的工作机制。（3）创新起草方式，确保理论与实践统一。地方立法起草主体的单一是制约地方立法质量的一个重要因素。为了提升地方立法质量，提高地方立法水准，不少享有地方立法权的机关、部门创新了地方立法的起草方式，比如委托高等院校、科研院所或者民间组织等起草，这样的做法确实较大地提升了地方立法的规范化，但是也出现了有的地方立法不接地气等不尽人意的情形。为了弥补立法起草模式的不足，《三江侗族自治县少数民族特色村寨保护与发展条例》的起草采取了实务部门与理论研究部门联合组成起草组的立法模式。委托民族政策法律和民族理论研究走在全国前沿的广西民族大学作为起草单位，广西民族大学委派四名专家学者组成理论方面的起草成员，三江县人大委派由法工委主要成员、其他部门实务专家组成实务方面的起草成员，共同组成起草组，齐心协力，共同立法调研、共同设计草案的建构、共同起草草案、共同研究修改草案具体内容等，这样的起草模式较好地融和了实践与理论，为条例的高质量制定奠定了基础。（4）积极沟通上级人大、确保得到上级人大的指导和支持。准确把握上下级人大常委会之间的关系，明确这种关系在人大工作中的作用，对于坚持和完善人民代表大会制度，推动人大工作与时俱进，提高人大工作质量和水平，特别是对于地方立法科学性、民主性水平的提升，具有十分重要的意义。一般而言，下级人大常委会履职时对法律、法规的认识和理解离不开上级人大及其有关部门的指导。在《三江侗族自治县少数民族特色村寨保护与发展条例》的立法过程中，三江县人大一方面积极发挥自身的积极性、主动性，认真严格履行法律赋予的职权，另一方面在实际工作中时时不忘主动积极寻求上级人大的指导、支持与帮助。三江县人大在具体的立法过程中时时将工作动态向柳州市人大和广西壮族自治区人大汇报，遇有工作中的困难及时向两个上级人大请求支持、帮助，遇有法律政策方面把握不准确的地方随时请求上级人大解决，比如在广西壮族自治区人大的帮助下先后三次在自治区人大举行专家论证会，邀请南宁市的相关领域的专家学者参加立法论证会，确保了条例的质量。三江位于广西壮族自治区北部，是湘、桂、黔三省（区）交界地，较偏僻，交通不便，人才相对较缺乏，经济、法治等方面尚需要大力发展，在这种情况下积极主动地寻求上级人大的指导、帮助对工作的高效展开十分重要。（5）密切联系实际、充分尊重民意。联系实际是确保地方立法接地气和地方立法科学化的基本经验，《三江侗族自治县少数民族特色村寨保护与发展条例》的起草始终坚持实事求是，密切联系当地情况，保证了条例的针对性、可行性，提升了科学性、民主性水准。为确保条例能够契合本地实际、解决地方问题，真正适应三江侗族自治县少数民族特色村寨的保护与发展，该条例在立项、起草、征求意见、论证等所有的立法环节均听取三江侗族自治县少数民族特色村寨所在地民众的意见，将多数人的一致性意见纳入立法条文。此外，在立法过程中多次召集特色村寨所在地村委会人员开会，听取他们对特色村寨保护的意见建议，发挥基层群众性自治组织的作用。（6）凸显地方特色、解决地方问题。所谓“凸显地方特色”在地方立法中实际上是指地方立法应该反映本地的特殊性，契合本地方的实际情况。具体地说有以下几点要求：第一，地方立法应该适应当地的经济文化发展水平，吻合本地方的风俗与民情；第二，地方立法要有较强的针对性，能够解决或者针对性处理本地方问题，要着力解决中央立法或者上位立法中没有解决或者没有规定的问题，着力解决中央立法或者上位立法中不宜解决的问题。在《三江侗族自治县少数民族特色村寨保护与发展条例》的起草过程中，三江县人大针对三江侗族自治县少数民族特色村寨的实际，将需要的、管用的条文写在立法上，每一个具体措施的设计、每一项保护发展制度的安排都基于三江侗族自治县少数民族特色村寨保护与发展的实践需要，这样的做法确保了立法的精炼简洁与实用，具有较强的针对性、客观性，为该法的科学性、民主性奠定了现实基础。

第三，《通道侗族自治县侗族文化村寨保护条例》。2016 年 1 月 8 日经通道侗族自治县第十五届人民代表大会第五次会议审议通过，2016 年 3 月 30 日经湖南省第十二届人民代表大会常务委员会第二十一次会议审查批准，总计二十五条。该条例对立法目的、侗族文化村寨的含义、侗族文化村寨应具备的条件、申报侗族文化村寨的程序、侗族文化村寨的分类保护及法律责任等进行了立法规定。

第四，《融水苗族自治县少数民族特色村寨保护与发展暂行办法》。该条例于 2017 年 2 月通过，总计二十四条。该条例对立法目的、少数民族特色村寨的含义、少数民族特色村寨应具备的条件、申报的程序、保护的措施及法律责任等进行了立法规定。融水苗族自治县现有苗族村寨 300 多个，其中 100 户以上 150 多个，200 户以上 48 个，300 户以上 12 个，500 户以上 4 个。这些苗族村寨，民族建筑特色显著，民族习俗保存完好，民族风情淳朴浓郁，民间工艺技术广泛应用，并保存大量的民族文物古迹。《融水苗族自治县少数民族特色村寨保护与发展暂行办法》的颁行无疑为该自治县少数民族特色村寨的保护与发展工作提供了法律依据，大大推进了少数民族特色村寨保护与发展工作的法治化进程。

第三章 少数民族特色村寨保护与发展法治保护的价值

目前，少数民族特色村寨面临着来自于自然和人为双重因素的破坏，而法治在力避破坏、保护与发展少数民族特色村寨方面具有独特作用和显著优势，所以利用法治手段保护与发展少数民族特色村寨价值意义重大。

一、少数民族特色村寨保护与发展面临着严峻挑战

虽然我国近年来加强了对少数民族特色村寨的保护力度，但由于种种原因，少数民族特色村寨的保护与发展工作依然面临着极为严峻的任务。

我国的少数民族特色村寨多为以竹、木等为建筑材料的建筑，这类建筑材料随着时间的流逝容易被侵蚀、腐蚀，不易永久保存，如果不经常、精心地保养维护，因为自然原因也会消失殆尽，另外，随着现代化、城镇化发展，少数民族

特色村寨的破坏还有人为的因素存在，使得其保护与发展任务更加艰巨。以侗族特色村寨为例，侗族的建筑多就地取材，以木为主。侗族的木建筑不仅继承了我国南方古代“干栏”式建筑的十分久远的传统，而且汲取了别民族的技艺，并在此基础上通过一代一代的传承和发展，创建了自己别具一格的木建筑工艺体系。在侗族村寨到处可见宏伟的鼓楼、精巧的风雨桥、连绵的吊脚楼、优雅的凉亭、别致的门楼。这些木建筑分布之广，式样之繁多，造型之美观，技艺之精巧，令人叹为观止，这都是侗族工匠的心血之作，艺术之花，体现了侗族工匠们高超非凡的建筑水平。有学者对侗族木构建筑营造技术研究后认为：“在侗族木质建筑群落中，无论是结构复杂的鼓楼、风雨桥，还是结构较为简易的凉亭、吊脚楼建筑，工匠们都是遵循均衡、对称、和谐的规律进行营造的。并且运用直线、斜线、曲线、折线进行多重的组合构图，矩形的平角分割，垂檐叠次的立面构造，挺直的屋脊、笔直的山墙、飞翘的檐角、曲折规整的墙角以及双斜坡式的屋顶，构成了比例协调、均衡对称、规整完美的建筑艺术，充溢着朴实自然、稳定规范的形式美感，透过这种形式美，可以看出侗族人民追求的是一种规范程序的遵从，社会分配的均衡和人际关系协调的价值模式。”① 该学者还认为：“在建筑结构上不仅采用排柱穿斗和梁架等构造方法，而且根据地形和居住的需要自由构造，有敞空的底层，裸露的排柱以及檐楼前伸的吊脚楼，有侧面的披檐、重檐或阁楼，有干栏式、阁楼式、门阙式、厅堂式的鼓楼和廊桥。都综合表现为古朴粗犷、简练实用、轻盈多变的风格和整体完美和谐的艺术特色，不仅保持了木材本色潜在的艺术底蕴，同时还凝聚着一种质朴坚挺之美。”② 侗族多种公共建筑，如鼓楼、戏台、寨门、风雨桥、井亭等，因其功能与住宅建筑不同，而且是显示一个村寨或宗族地位高低与力量大小的标志，所以无论是

---

① 廖明君：《侗族木构建筑营造技术》，载《广西民族研究》2008 年第 6 期。

② 廖明君：《侗族木构建筑营造技术》，载《广西民族研究》2008 年第 6 期。

使用的材料、构造方法，还是造型艺术，都特别讲究。除了与居住建筑共有的均衡、对称与和谐之美外，还具有与之不同的俊秀、挺拔、精致的形式美和神圣、富丽的意境美，以适应和满足集体活动及心理审美的需要。

侗族的木建筑工艺，名扬海外，世界一流。可是随着社会的发展，特别是现代文化的传入，侗族的木建筑及其工艺的传承，已处于濒危的状态。主要因素有：

其一，由于侗族喜欢聚族而居，因此其村寨通常为数百户的大村大寨，极易发生火灾。侗族历史上一些著名村寨，如贵州省从江的冠洞、广西三江的程阳、干冲，曾先后被大火洗劫，五六百户的大寨，在数小时内全部化为灰烬。在侗族地区，有时一年之内被火烧毁的村寨就多达十几个。

其二，由于木建筑材料越来越匮乏，导致成本也变得越来越高，因此，近年来不少少数民族特色村寨的居民在修建、翻建房屋时，拆掉原来的木楼，用水泥、砖瓦等将古老的建筑改造为现代结构建筑。这就致使原来全部为清一色的吊脚楼建筑的村寨，有了不相协调的砖瓦房夹杂其间，既不美观，又十分另类，更为严重的是这一现象近年呈倍增趋势。在三江侗族自治县，个别被火烧毁的村寨重建后，整个村寨全部是现代钢筋水泥建筑，甚至连古老、特色的风雨桥也被改造为水泥桥。

其三，由于生态环境的破坏，侗族地区经常有山洪暴发，由于山洪暴发而被冲毁的风雨桥很多，1983 年，广西三江程阳风雨桥曾被洪水冲垮一半，2005 年，贵州黎平地坪花桥被洪水全部冲垮。据侗族学者统计，侗族地区原有的 300 多座风雨桥，截至 1986 年被洪水冲垮的就有 140 多座。被洪水冲垮的风雨桥，多数未能复修。整个侗族地区，规模较大的风雨桥仅存 20 多座。

其四，随着城镇化建设的发展和现代文明的冲击，人们选择了新的生活方式，追求干净卫生、方便舒适且耐火的居住生活条件，完全改变了传统古老的吊脚楼居住方式，尤其是外出打工看惯了高楼大厦的中青年人对现住的木楼已不感兴趣。

其五，频繁的火灾和自然灾害，导致山上的杉木越来越少，加之国家实施“退耕还林还草”工程，严格控制用材林的砍伐量。

其六，由于以上原因，侗族的木建筑工匠，有相当一部分人找不到工作已逐渐改行为泥水匠了。特别是过去以建筑鼓楼和风雨桥为骄傲的一些著名工匠也因为多年没有工程施工而将其传承的队伍解散。他们当中许多人随着年龄的增长，已经辞世，他们的技艺也就随之消失，在侗族地区，目前能找到可以承建鼓楼和风雨桥的掌墨师，已经为数很少。广西三江侗族自治县在二十世纪五十年代可以说是侗族木建筑工匠荟萃之地，而现在，其人数也是屈指可数了。保护侗族木建筑群落，传承发扬侗族建筑工艺已经是国家和当地政府必须高度重视的刻不容缓的世纪工程。

二、法治手段保护与发展少数民族特色村寨的特殊优势

第一，运用法治手段保护与发展少数民族特色村寨在内的少数民族优秀文化遗产，是我国现行《宪法》这一根本大法的要求，是贯彻落实《宪法》的具体举措。我国现行《宪法》第5条明文规定：“中华人民共和国实行依法治国，建设社会主义法治国家。”有学者认为：“就治国方略这一层面来讲，我国的法治意味着：依靠表现为法律形式的人民意志来治理国家，法律是社会控制的主要手段，法治是人类文明的标志之一，法治包含法律至上、权利本位、权力制约、正当程序等精神。”[①] 从该意义上讲，少数民族特色村寨等少数民族文化遗产的保护与发展理应纳入法治的范畴。实现法治的基本前提条件是有法可依，即建设包括少数民族特色村寨在内的少数民族文化遗产保护与发展法

① 孙笑侠、夏立安：《法理学导论》，高等教育出版社2004年版，第350页。

律体系。

第二，建设少数民族特色村寨等少数民族文化遗产保护的国内法律制度是履行相关国际法义务的必要途径。联合国教科文组织的《保护非物质文化遗产公约》对我国的效力是国际法层面的，并不必然自动成为我国国内法的渊源。

实践中一项国际条约是否具有直接的国内效力，各国的做法大体上可以分为三种，相应的理论观点也就有三种：其一，一元论观点。即一国参加的国际条约不需要进行任何转化而可以自动成为该国国内法的一部分，如该国国内法一样对该国产生普遍且直接的法律拘束力。其二，二元论观点。该观点认为，国际条约的制定主体并非本国，所以在本国一般不具有自动实施的特点，但是本国参加的国际条约，应该信守，因而需要借助于国内的单行实施性法律。由于借助于国内法的转化，所以，可适用和具有直接效力的是该国的国内立法，而非国际条约本身。其三，兼采上述一元论和二元论的观点，该观点认为须对国际条约作具体分析，区别对待，不可一概而论。有学者认为："有些条约被视为可以自动执行的，而另一些条约则不具有自动执行性，如需执行，则需要通过国内立法转化。究竟是自动执行，还是非自动执行，则要根据该条约本身的内容与性质而定。"① 这三种不同的做法依次分别以法国、英国、美国为代表。作为我国根本大法的宪法并没有国际条约在中国适用的明文规定，但规定了与国内立法制定程序大致相同的条约缔结程序。《立法法》是根据宪法制定的，规定我国现行各类法律渊源的制定权限、制定程序、效力范围等的基本法律，其中并不包含我国签署并批准的国际条约，这意味着我国加入并批准的国际条约原则上必须实现其国内法的转化后，才能产生适用的效力。依此原理，《保护非物质文化遗产公约》在我国的适用必须转化为国内立法，公约

---

① 孙南申:《加入 WTO 的中国涉外经济法律制度》，人民法院出版社 2003 年版，第 14 页。

中关于少数民族文化遗产保护的国际义务当然也不例外。因此，想要更有效地实现少数民族文化遗产的保护，健全与完善少数民族特色村寨在内的少数民族文化遗产保护与发展的相关国内立法是必由之路。

三、现行的保护与发展少数民族特色村寨的法律制度存在缺陷

前文中对我国现有的保护与发展少数民族特色村寨的立法进行了较系统、完整的梳理，纵观我国目前在少数民族特色村寨保护与发展方面的立法，其缺陷是客观存在的，我们认为其缺陷主要有两个方面的表现：

笔者曾撰文对其缺陷进行了专门论述，具体表现为："第一，专门针对少数民族特色村寨施以保护与发展的立法是空白的，无法针对少数民族特色村寨施以全面性、专门性保护与发展。目前我国与少数民族特色村寨保护与发展较密切相关的法律法规文件主要有《非物质文化遗产法》《文物保护法》《历史文化名城名镇名村保护条例》《风景名胜区条例》《文物行政处罚程序暂行规定》《考古发掘管理办法》《世界文化遗产保护管理办法》《文物保护工程管理办法》等，我国目前尚不存在国家层面的专门针对少数民族特色村寨保护与发展的法律法规文件。在地方立法层面，目前仅有《黔东南苗族侗族自治州民族文化村寨保护条例》，但少数民族文化村寨和少数民族特色村寨又存在着内涵与外延两方面的明显差异。总之，我国现行法律文件体系内，针对少数民族特色村寨保护与发展的法律文件是不存在的。"①因此，笔者认为："就保护与发展的客体论，现行立法无法做到对少数民族特色村寨的方方面面施以周全保护与发展；另一方面，现行立法并

① 杜承秀：《现行少数民族特色村寨保护立法之缺陷分析》，载《经济与社会发展》2015年第1期。

没能针对少数民族特色村寨保护与发展进行设计，所以其保护与发展的措施、手段、方法、机制等更是无法做到针对性、专门性，致使保护与发展的实效大打折扣。”[①]

① 杜承秀:《现行少数民族特色村寨保护立法之缺陷分析》，载《经济与社会发展》2015年第1期。

第四章 少数民族特色村寨保护与发展法的立法模式与立法原则

一、少数民族特色村寨保护与发展法的立法模式

（一）我国少数民族特色村寨保护与发展立法模式的应然选择

“立法模式”并不是一个法律术语，作为法学术语的“立法模式”在学术研究领域尚未达成基本的共识：“立法模式实际上是一个国家创制法律的惯常套路、基本体制和运作程式等要素所构成的有机整体，立法模式对整个立法活动却具有现实的拘束作用”①；“立法模式是指一国立法时所采取的，与调整范围有关的法律类型”②；“立法模式是采用何种立法形式，

① 江国华：《立法模式及其类型化研究》，载《公法评论》2009 年第 4 期。

② 乔健康：《我国市场竞争法的最佳立法模式》，载《法学杂志》1997 年第 2 期。

即某一法的立法是采用统一的法典形式，还是采用单行法律、法规的形式，抑或兼采两者。”[①] 为防止概念使用的误解或歧义，统一概念的内涵极为必要的，笔者在本文所使用的“立法模式”又可称之为立法形式，其内涵特指立法是采取统一的法典形式，还是采用单行法律、法规的形式，抑或兼采两者。

决定立法模式选择的因素很多，其中不排除主体因素和主观因素。但从科学立法的立法原则要求出发，决定立法模式选择的因素应该是客观方面的因素，其中最主要的是立法所针对的客体及立法技术。

由于任何一个少数民族特色村寨都承载着丰厚的历史传统、民族文化、人文生态、生存技艺等，所以对少数民族特色村寨的保护应该是一个系统的工程，需要调动包括各级政府及其职能部门、少数民族特色村寨所在地的民众、社会组织和专家学者、企业、个人等在内的各方主体的积极性。实践证明单靠任何一方主体对少数民族特色村寨的保护与发展都是无法奏效的。“从正式制度的构建投入与现实中火灾的发生数来看，尽管近十年来，尤其是近五年来，政府在民族村寨防火问题上加大了硬件与软件的投入，但是这并未发挥到最大效用。正式制度未能发挥其应有效能，是当前民族村寨防火问题中面临的现实矛盾。”[②] 学者们早已认识了少数民族特色村寨保护与发展是一项长期的、艰巨的、系统的工程，统领这个工程的法律制度必须是一般法。另外，单单采取特别法保护与发展的立法模式，也没有办法发挥中央国家机关在保护与发展少数民族特色村寨方面的积极性，督促其履行对少数民族特色村寨保护与发展的责任。这显然无助于少数民族特色村寨保护与发展目的的实现。

从立法技术上看，笔者认为将少数民族特色村寨保护与发展问题经由一部统一的法律文件加以全面的、完整的、一体性规定在技术上是

① 李建华:《略论经济法立法模式和体制结构》，载《立法建议》2005 年第 2 期。

② 吴大华、郭婧:《火灾下正式制度的“失败”——以贵州黔东南地区民族村寨为例》，载《西北民族大学学报》（哲学社会科学版）2013 年第 3 期。

行不通的，换句话说仅仅采取统一法典的立法模式在技术上存在着无法克服的障碍。关于这个问题将在下文专门展开。

总之，笔者认为少数民族特色村寨保护与发展立法应该采取统一法典和单行法律、法规并用的立法模式，既制定少数民族特色村寨保护与发展法，又制定关于某一少数民族特色村寨的，包括认定标准、具体保护方式方法等方面的单行法律、法规和规章。笔者认为只有采取如此的立法模式，才可以对少数民族特色村寨施以尽善尽美的保护与发展，才可以真正实现少数民族特色村寨法治保护与发展的目的。

（二）制定少数民族特色村寨保护与发展一般法的可行性

美国法律经济学家波斯纳认为“一般法”意指“适用于一般的法律关系主体、通常的时间、国家管辖的所有地区的法律”。[①] 理论界和实务界对少数民族特色村寨保护与发展一般法制定的必要性早已有了深刻的认识，但关于少数民族特色村寨保护与发展一般法制定的可行性问题，在当下理论界和实务界展开分析的不多。少数民族特色村寨保护与发展一般法是指适用于全国所有的少数民族特色村寨保护与发展工作的法律。虽说我国 55 个少数民族在其长期的历史发展过程中都积淀了丰厚的民族特色文化，但不同少数民族特色村寨的建筑风格不一、所蕴含的非物质文化遗产不同，不同的少数民族特色村寨其风俗习惯、特色产业更可谓千差万别，因此对不同的少数民族特色村寨其保护与发展的具体措施、手段、方法与路径是不应该也不可以完全一样的。但是，在对少数民族特色村寨保护与发展立法问题上有很多内容是不应该有什么差别的，比如保护与发展的指导思想与基本原则、保护与发展的主体及其相互间的关系以及主体的权利义务、保护与发展总的方法手段措施、法律责任及其追究等，在少数民族特色村寨的认定方式、方法与步骤上也不应存在任何程序的不同，另外在少数民

① ［美］波斯纳著、苏力译:《法理学问题》，中国政法大学出版社 1994 年版，第 437 页。

族特色村寨保护发展机制、措施、方法的运行及其救济机制等问题上也不会因为不同民族、不同地区而差别对待。对少数民族特色村寨的保护与发展是上升到国家层面的决策，中央政府及其相关职能部门必须从制度及财政、机构上统筹对少数民族特色村寨的保护与发展工作。源于少数民族特色村寨保护与发展问题上诸多内容的相通性、相同性，所以由国家层面制定一般的少数民族特色村寨保护与发展法是可行的，同时由国家层面制定一般法，既避免了地方各自为政造成法制不统一的可能性，避免了地方各自立法可能造成的相互重复现象，又节俭了地方立法的立法成本，是一个一举多得的举措。另外，自我国的现代化、城市化进程推进以来，党中央、国务院及其相关的职能部门始终重视对少数民族特色村寨的保护与发展工作，尤其是自 2009 年少数民族特色村寨保护与发展试点工作实施以来，在少数民族特色村寨的保护与发展方面取得了举世公认的成就，积累了较丰富的经验。法律是对实践经验的总结与升华，笔者认为我国对少数民族特色村寨保护与发展的实践为我国少数民族特色村寨保护与发展一般法的制定奠定了扎实可靠的现实基础。

（三）制定少数民族特色村寨保护与发展特别法的必要性

法理学意义上的“特别法”是“一般法”的对称。“意指适用于特别的法律关系主体、特别时间、特别地区的法律。一般认为，适用于全国的法律称一般法，仅适用于某一地区的法律称特别法；对所有人都有效的法律称一般法，仅对部分人有效的法律称特别法；对一般事项有效的法律称一般法，仅对特定事项有效的法律称特别法。”[①] 笔者这里所说的少数民族特色村寨保护与发展特别法既包括所有地方国家机关制定的本地少数民族特色村寨保护与发展方面的法，[②] 又包括中央国

① 蒋传光:《法理学与部门法哲学》，上海三联书店 2009 年版，第 203 页。

② 相对于中央国家机关制定的一般适用于全国范围的法律而言，地方国家立法机关所制定的立法仅仅适用于本行政区域范围内，所以称之为特别法。

家立法机关制定的关于少数民族特色村寨保护与发展工作或工程某一个方面内容或部分的法。①

和少数民族特色村寨保护与发展一般法制定的可行性与必要性问题的关乎点不一样，特别法具有较为明确的针对性、具体性，或者其局限于特定地域、特定民族、特定的特色村寨，或者其仅仅针对少数民族特色村寨保护与发展某一方面的工作、某一过程、某一举措对应立法，所以特别法的立法工作相对于一般法的制定而言往往较简单。目前对制定少数民族特色村寨保护与发展特别法的可行性人们并没有意见分歧，但是有了少数民族特色村寨保护与发展一般法还有没有必要制定特别法，即对特别法的必要性有必要展开适当分析，否则看法的分歧将影响少数民族特色村寨保护与发展法治化进程，无助于少数民族特色村寨的保护与发展。笔者认为少数民族特色村寨保护与发展特别法的制定是必要的，其必要性主要体现在关乎少数民族特色村寨保护与发展的许多重要问题不可能也没有办法通过一般法完全解决，在立法技术上存在着克服不了的障碍。其具体表现主要有两点：

1. 关于少数民族特色村寨的评定或认定标准问题必须经由特别法作出明确。少数民族特色村寨保护与发展的客体是少数民族的特色村寨，何为少数民族的特色村寨是保护与发展之初应该先行解决的前提性问题。我国的特色民族村寨遍布祖国的大江南北，不同少数民族特色村寨在建筑风格、风俗习惯、特色产业、历史渊源、人口多寡等诸方面不一致，少数民族特色村寨保护与发展最根本的目的是保护少数民族文化的多样性，防止有的民族在时代发展的潮流中失去自己民族的本色，基于这一根本目的，原则上每一个少数民族都应该至少有一个有特色的民族村寨被列入保护与发展之列，2014 年国家民委官方网站上公示的 1000 个少数民族特色村寨虽说不同的民族其特色民族村寨

① 相对于对少数民族特色村寨保护工程或工作做全面规定的一般法而言，仅仅规定该工作或工程某一方面、某一环节、某一部分的立法为特别法。

的数量不一，有的少数民族入列名单的特色村寨数量较多，有些民族入列名单的村寨数量相对较少。对不同民族、不同地域的不同民族特色村寨的评定采取一体化标准，就极有可能造成有的少数民族没有一个村寨达到特色民族村寨的标准而无法得到保护与发展，这显然与少数民族特色村寨保护与发展的根本目的与初衷相背离，所以针对不同民族其特色村寨的评定标准是什么，的确无法统一设置。

2. 关于少数民族特色村寨的具体保护与发展的方式、方法，措施、步骤及路径问题必须经由特别法施以规定。笔者认为关于少数民族特色村寨的具体保护方式、方法，保护的措施、步骤，保护的路径，需要结合具体的少数民族特色村寨有针对性地进行，不可千篇一律，那样必将泯灭少数民族特色村寨的特色。实际上我国各地地方政府及其职能部门在对本地少数民族特色村寨保护与发展问题上也形成了自己的、有针对性的保护发展模式、措施、方法。作为我国少数民族特色村寨分布比较广、保护与发展比较好的贵州省，就针对不同村寨的具体情况创新了不同的保护与发展模式，出现了“特色产业模式”“生态博物馆模式”“旅游开发模式”等；[①] 广东省对自己区域内的少数民族特色村寨主要采取“以少数民族特色村寨改造为突破口，突出特色，彰显民族文化”的保护与发展路径；[②] “湖北少数民族特色村寨保护与发展紧紧抓住经济发展这一中心，针对不同的少数民族特色村寨施以针对性保护与发展策略，对部分传统建筑破坏严重的村寨如宣恩彭家寨、建始高坪镇石垭子老街等以修复特色建筑与民居改造优先，避免物质文化遗产的流失；对部分贫困村寨如五峰白羊坪村寨、恩施小溪村寨等把基础设施建设和改善民生放在第一位，着力解决好村寨居民的基

① 具体内容详见王伯承著《贵州省民族村寨保护与发展的现状、问题及对策》一文，载《贵州民族学院学报》（哲学社会科学版）2011 年第 5 期，第 47—48 页。

② 具体内容详见吴泽荣著《广东少数民族特色村寨保护与发展的思考——以连南南岗千年瑶寨和乳源必背瑶寨为例》一文，载《广东技术师范学院学报》（社会科学版）2012 年第 5 期，第 25—27 页。

本生活保障；部分试图发展旅游业的村寨如宜昌车溪村寨、恩施枫香坡村寨等以恢复和建构民族文化为主，这些做法因村寨具体情况而实施针对性保护举措，真正做到了惠民与利民。”① 但关于少数民族特色村寨保护与发展的方式、方法，措施、步骤及路径等问题，原则上说越具体越具有可操作性、指引性，而达到这样要求的法，是一般法所无从达到的。

毫无疑问，少数民族特色村寨保护与发展的立法是少数民族保护与发展系统工程法治化的前提和基础，但不可否认的是，立法模式的选择确是少数民族特色村寨立法工作最初需要解决的问题。只有选择了妥适恰当的立法模式，才可能顺畅地科学理性地开展少数民族特色村寨保护与发展立法工作。

二、少数民族特色村寨保护与发展法的立法原则

立法原则问题无疑是少数民族特色村寨保护与发展立法的重要问题之一，我国的立法习惯一般是需要立法原则的。在法的基本理论上，一般认为法是由法律概念、法律原则和法律规则三要素构成的，法律原则是法的三要素之一，是不可或缺的。基本原则被法学理论界尊奉为法的灵魂与核心，因此在少数民族特色村寨保护与发展法创制之初明确该法创制的基本原则是十分具有战略意义的，只有明确了该法创制的基本原则，我们才可以针对基本原则的实现设置相应的基本制度，构建相应的体制、机制。

（一）少数民族特色村寨保护与发展之科学立法原则

对少数民族特色村寨这一民族文化载体的关怀，肇始于 2009 年

① 姜爱:《湖北少数民族特色村寨保护与发展经验解析》，载《湖北社会科学》2012 年第 9 期。

国家民委和财政部联合启动的“少数民族特色村寨保护与发展试点工作”。[①] 自此后，中央各相关部门以及相关地方政府及其职能部门开始加大对少数民族特色村寨保护与发展的力度，在资金投入、政策扶持、机构和人员的配置等方面开始采取措施，以更好地保护与发展少数民族特色村寨。随着法治国家、法治政府、法治社会建设的迅猛推进，也有地方开始颁行少数民族特色村寨保护与发展相关法规。经笔者梳理发现，目前直接针对少数民族特色村寨保护与发展工作进行立法的有 2008 年 9 月颁行的《黔东南苗族侗族自治州民族文化村寨保护条例》、2015 年颁行的《三江侗族自治县少数民族特色村寨保护与发展条例》、2016 年 3 月颁行的《通道侗族自治县侗族文化村寨保护条例》、2017 年 2 月颁行的《融水苗族自治县少数民族特色村寨保护与发展暂行办法》等四部地方立法。但我国不少地方比如湖北巴东、广东连南、湖南湘西等地均开展了本地少数民族特色村寨保护与发展立法调研工作，开始启动少数民族特色村寨保护与发展地方立法。笔者认为将少数民族特色村寨保护与发展工作付诸于立法可以保障该项工作的法治化，增强该项工作的规范性、严肃性、权威性和稳定性，利于该项工作的常态化运作，确实有利于我国优秀民族文化的传承与发展，同时对我国各民族共同团结奋斗、共同繁荣发展民族政策的贯彻落实大有裨益。少数民族特色村寨保护与发展立法也需要遵循“科学立法”之基本原则，如何实现少数民族特色村寨保护与发展法“科学立法”这一基本原则？这是本部分内容要讨论的问题。

针对少数民族特色村寨保护与发展法的制定而言，遵循科学立法之立法基本原则更是必须的，因为少数民族特色村寨保护与发展法在

---

① 少数民族特色村寨保护与发展工作肇始于 2009 年国家民委与财政部联合开展的“少数民族特色村寨保护与发展试点工作”，但是这并不意味着在此之前，国家和地方政府在少数民族特色村寨保护与发展方面毫无作为，相反有的地方政府，比如贵州黔东南、湖北恩施等在该地少数民族特色村寨保护与发展方面已经采取了一定措施。但毫无疑问的是，全国范围的对少数民族特色村寨的关怀确是由“少数民族特色村寨保护与发展试点工作”而起。

反面上针对的是破坏、毁坏少数民族特色村寨的行为，在正面上针对的是怎样采取具体的措施、方式、方法、手段和技术保护与发展少数民族特色村寨，因此少数民族特色村寨保护与发展具有典型的技术性，具有典型的经验性和实践性，科学立法也是这一特定立法的特色和内容的必然要求。

我国少数民族特色村寨保护与发展立法是新时期实现各民族共同团结奋斗、共同繁荣发展的重要抓手之一，是我国践行文化遗产保护与发展国际法责任的一个重要举措，在法治国家、法治政府、法治社会一体建设的当今时代，少数民族特色村寨保护与发展法的创制已被不少地方立法主体纳入立法日程。笔者曾撰文论述了国家层面统一制定少数民族特色村寨保护与发展法的必要性和可行性，[①] 在少数民族特色村寨保护与发展立法中也必须践行“科学立法”。要想使“科学立法”在少数民族特色村寨保护与发展法创制中得以实现，以下几点是必须做到的：

（1）以实践为基础。科学是指：“运用范畴、定理、定律等思维形式反映现实世界各种现象的本质和规律的知识体系，科学来源于社会实践，服务于社会实践。”[②] 正因为科学源自于实践，以实践为基础，因此，“科学性原则”也被称为“从实际出发，实事求是的原则”。马克思在论及立法活动的实质时曾明确指出：“立法者应该把自己看作一个自然科学家。他不是在制造法律，不是在发明法律，而仅仅是在表述法律，他把精神关系的内在规律表现在有意识的现行法律之中。如果一个立法者想用自己的臆想来代替实务的本质，那么我们应该责备他极端的任性。”[③] 总之，少数民族特色村寨保护与发展法的创制绝对不可以脱离少数民族特色村寨保护与发展的实践，应该将实践中行之有效

① 参见杜承秀《现行少数民族特色村寨保护立法之缺陷分析》，载《经济与社会发展》2015 年第 2 期第 53—57 页。

② 张东荪：《科学与哲学》，商务印书馆 1999 年版，第 91 页。

③ 《马克思恩格斯全集》，人民出版社 2006 年版，第 183 页。

的保护方法、策略、技术以及保护机制、程序和相关主体间的关系通过立法固定化，成为权威的法律，进一步引导和规范相关主体的行为，并在实践中接受检验，对其中不妥的规定进行完善，其中错误的规定进行废止或者修改，只有这样，所创制的少数民族特色村寨保护与发展法才科学。实际上，少数民族特色村寨保护与发展的实践是生动的，立法者完全可以也必须从中探索可贵的经验，吸收难得的教训。笔者认为，立法者应该对以下几方面的实践进行认真梳理：

第一，少数民族特色村寨保护与发展的实践。早在立法保护与发展少数民族特色村寨之前，对少数民族特色村寨保护与发展的实践已经进行。少数民族特色村寨是少数民族村民居住和活动的场所，它们都有着悠久的历史沉淀，均有着鲜明的少数民族特色，是少数民族特色、优秀文化的载体。居住于此村寨的居民在长期实践中积累了大量的保护与发展特色村寨的实践经验，也有着难得的教训，对这些经验进行总结，并使之上升到立法，无疑可以保证少数民族特色村寨保护与发展法的科学性。

第二，少数民族特色村寨保护与发展立法的经验。目前国家层面的少数民族特色村寨保护与发展法尚未制定，但是地方性的少数民族特色村寨保护与发展法已经出现。据统计，贵州黔东南、广西三江、广西融水和湖南通道等四地已经颁行了本地的少数民族特色村寨保护与发展法。据笔者实地调研发现这四个地方在我国是少数民族特色村寨保护与发展工作做得比较好的地方，其中立法保护功不可没。比如，《三江侗族自治县少数民族特色村寨保护与发展条例》，通过立法明确了民族特色村寨的概念以及认定标准，确立了民族特色村寨的保护制度、对民族村寨特色建筑风貌制定专门保护制度、对民族特色村寨木质建筑的安全保护设定规范，同时，该条例还确立了以侗族为主兼顾其他世居少数民族民族文化保护和传承制度，构建了三江侗族村寨特色建筑与特色文化的开发利用及利益分配机制，以立法凝练三江侗族特色村寨保护与发展的经验，同时以立法进一步引导和促进三江侗族少数民族特色村寨的保护与发展，取得了明显的社会效果，获得了国家和社会的高度肯定，其立法经验被多地调研、学习、借鉴。在创制少数民族特色村寨保护与发展法时，应该对目前地方制定、实施的少数民族特色村寨保护与发展地方立法的经验和教训进行认真总结，确保所立之法更科学完善。

第三，国际组织和域外国家和地区的实践及相关立法经验。二十世纪七十年代以来，文化遗产的立法保护与发展问题逐渐引起了相关国际组织的高度关注，它们纷纷展开了大量的调查研究，进行了多轮讨论，在此基础上颁行了不少示范性立法。比如，联合国教科文组织1972年颁行的《世界文化和自然遗产保护公约》、世界知识产权组织1982年颁行的《保护民间文学艺术表达形式、防止不正当利用及其他侵害行为的国内法示范法条》、世界贸易组织于1993年乌拉圭回合谈判全部结束后颁行的《与贸易有关的知识产权协议》，等等。域外国家和地区，在对本国文化遗产保护与发展方面作了大量有益的探索，采取了立法措施，比如，菲律宾1997年颁行了《原住民权利法案》，保护与发展原住民的特色建筑，巴拿马2000年颁行了《关于保护和捍卫原住民的文化特性和传统知识的集体权利特别知识产权制度的法律及相关措施》，等等。另外，澳大利亚、日本、加拿大和一些国际组织开展的对原住民或者人口较少的民族特色村寨以及其他特色文化遗产保护的实践更是丰富多彩，笔者认为对国际组织和域外国家和地区的实践及相关立法经验进行总结，对其中契合我国实际的保护做法和立法进行借鉴，一定会提高我国少数民族特色村寨保护与发展法的立法质量。

（2）尊重少数民族特色村寨的民间规范。少数民族地区的民间规范亦即梁治平先生笔下的民间法，他认为："民间法主要指这样一种知识传统，它生于民间，出于习惯乃由乡民长期生活、劳作、交往和利益冲突中显现，因而具有自发性和丰富的地方色彩，它可以是家族的，也可以是民族的，可能形诸文字，也可能口耳相传；它们或是人为创造的，或是自然生成，相沿成习；或是有明确的规则，或者更多地表现为富有弹性的规范，其实施可能由特定的一些人负责，也可能依靠公众舆论和某种微妙的心理机制。”[①] 少数民族特色村寨在长期的历史发展演进过程中形成了不少的民间风俗、特色习惯，有的已经成为乡规民约的组成因子。少数民族特色村寨的民间规范作为一种在村寨生态下自发形成的、因袭相沿的规范体系，在村寨治理中发挥着重要作用，很多时候会起到国家法所起不到的、意想不到的作用和效果。立法中吸收不违背现代法治精神的少数民族地区的民间规范，将有利于立法落地，深入少数民族民众的人心。另外，少数民族特色村寨的民间规范中不少是与村寨保护与发展相关的规范，这些规范具有典型的技术性。笔者在三江侗族特色村寨实地调研时了解到，程阳八寨、林溪镇冠洞村冠大屯等特色村寨的民间规范中有不少是关于村寨防火、救火和村寨维修保养方面的规定，有的规定十分具体、明确，另外，还有不少关乎村寨桥梁、道路等的传统建筑方式和用料习惯以及建筑仪式、落成庆典等方面的民间规范。这些民间规范是特色村寨保护与发展实践经验的总结，其中不乏朴素而科学的内容，在少数民族特色村寨保护与发展法创制的时候应该对相关的民间规范进行认真梳理，将其中关于少数民族特色村寨保护与发展的科学的民间规范上升为立法。

（3）保障立法内容科学。“科学立法”原则在少数民族特色村寨保护与发展法内容方面的要求主要有：

第一，立法要从少数民族特色村寨的具体寨情出发，立符合寨情之法。正如周旺生教授指出：“国情决定立法，立法必须符合国情。”[②] 少数民族特色村寨保护与发展法创制无疑应该从少数民族特色村寨的具体寨情出发。这里的寨情是指特定的某一具体少数民族特色村寨特定时期的基本情况，包括该村寨的历史文化传统、民族风俗习惯、自然地

① 梁治平：《清代习惯法：社会和国家》，中国政法大学出版社 1996 年版，第 362 页。

② 周旺生：《立法学》，北京大学出版社 1988 年版，第 187 页。

理环境、经济社会发展状况，等等。立法如果不符合寨情，所立之法必将没有实际意义。

第二，立法配置各种资源和权利（权力）时，要掌握好原则性规定和具体规定的尺度，防止因资源配置和权利（权力）配置不科学而导致所立之法无法实施。首先，要科学合理地配置公民、法人和其他组织的权利与义务。要特别注意把握好公民权利义务的广泛性、统一性、平等性和现实性。重点要防止只课以公民、法人和其他组织义务而不赋予其权利，或者只片面追求权利而忽视其应当履行的义务。其次，要科学合理地配置国家机关的职权和职责，依法明确相关国家机关在少数民族特色村寨保护与发展中的权力，做到权力依法，周延、边界清晰。正如学者所谓："现代法治建设的重点是依法治权，确保公权力依法运行在制度的笼子里。"[①] 因此，在相关国家机关权责明确和边界厘定的基础上，还要针对每一个国家机关的权力，在立法上规定其职责，做到职责与权力相匹配、职责与权力相伴随，做到用权必受监督、滥权必担责任。在少数民族特色村寨保护与发展法立法时一定防止权责不匹配现象发生。做到"既要确权又要立责；既要赋予行政机关必要的权力和手段，又要加大监督力度、明晰法定责任，避免逐利避险、争权推责、揽功诿过。同时，要最大限度地维护人民的利益，要让人民充分享受到立法所带来的红利、法治红利"。[②]

第三，法律规范在表述和规定上要具有针对性和可执行性，要做到明确、具体。杜绝在规范中出现含义不清、界定不明的法律条文，避免出现空洞无物的法律条文。为此，立法主体在立法的各个环节都要高度负责，切实把好法律的"出厂关"。在充分做好立法评估、立法听证、立法论证、立法调研、立法协商等多个方面工作的基础上，运用法治思维，科学预测某一具体少数民族特色村寨的经济、社会、生态

① 杜承秀：《论民事执行检察监督制度之目的的理性界定》，载《法学论坛》2017年第5期。

② 乔晓阳：《深入学习 努力贯彻立法法》，载《北京人大》2015年第4期。

发展趋势和方向，制定立得住、行得通、易理解、真管用、无歧义、符合上位法且与相关法完美协调的少数民族特色村寨保护与发展法。

第四，注意适时立法，切合实际、吻合现状的立法与适度超前的立法规定相结合起来。在对某一具体少数民族特色村寨经济、社会、生态发展科学预测的基础上，将立法的原则性与灵活性结合起来，将立法的稳定性与应变性结合起来，确保少数民族特色村寨保护与发展法与村寨经济、社会、生态发展同步。另外，在立法理念上要树立科学立法的观念，确保所立之法能够与时俱进地发展，注重选择最佳的立法形式，由最能胜任的立法人员组成立法起草组。

（4）保障立法程序公正、公开、理性。立法程序是指立法主体在创制、认可、补充、修改以及废止法律规范时所必须经过的或者其行为所必须遵守的步骤、顺序、时限、方式和方法的总称。正当的立法程序是确保立法质量的基础，立法程序的正当性包括立法的公开性、公正性、理性。只有在公正、公开、理性的立法程序的规范下，立法活动才能有条不紊地渐次展开，也才可以及时发现并矫正立法活动中可能出现的失误、错误抑或瑕疵，确保立法科学与民主。我国《立法法》关于立法程序是有明确规定的，另外，针对行政法规、规章和地方性法规制定的程序，我国也已颁行相应的条例。我国现行规定在总的方面是公开、公平、理性的。

针对少数民族特色村寨保护与发展法的立法程序，笔者认为，首先也是最重要的是该法的制定必须遵循立法程序的现行立法规定，绝对不能压缩、颠倒法定的立法程序。另外，值得提及的是，近年来，我国不少地方立法机关在地方立法实践中大胆探索、开拓创新，创造出不少确保地方立法科学化的立法程序，有的程序性做法已经上升为立法，比如，委托第三方起草法律法规草案的程序、立法机关和社会公众沟通与协商的程序、立法主体表决前的评估程序，等等。笔者认为，对于在实践中探索出且经检验行之有效的立法程序可以引进到少数民族特色村寨保护与发展法的创造过程中，确保少数民族特色村寨保护与发展法创制过程的公开、公正、理性。

笔者认为，除一些基本程序性规定需要严格遵循外，近年来出现的一些创新性程序机制、做法大多针对既有的立法程序规定给予进一步完善、补充，这些程序机制或者程序做法主要有：

第一，进一步加强人大对立法工作的组织和协调工作，健全立法起草、论证、协调、审议机制，健全上级人大向下级人大征询立法意见机制，建立基层立法联系点制度，推进立法精细化。

第二，健全法律、法规、规章起草征求人大代表意见制度。增加人大代表列席人大常委会会议人数，更多发挥人大代表参与起草和修改法律的作用，发挥人大代表的积极性、主动性，确保人大代表对立法工作的监督、支持。完善立法项目征集和论证制度。

第三，健全立法机关主导、社会各方有序参与立法的途径和方式。探索并通过具体的机制、措施使委托第三方起草法律法规草案的做法常态化、制度化、规范化，同时，对第三方的资格和选择程序公开化、法治化。

第四，健全立法机关和社会公众沟通机制，开展立法协商，充分发挥政协委员、民主党派、无党派人士、人民团体、工商联和其他社会组织在立法协商环节或者程序中的积极性、主动性、能动性，充分发挥上述主体在立法协商中的作用。探索建立有关国家机关、社会团体、专家学者等对立法中涉及的重大利益调整论证咨询机制。

第五，拓宽公民（特别是少数民族特色村寨所在地村民）有序参与少数民族特色村寨保护与发展立法的途径，健全法律、法规、规章、草案公开征求意见和公众意见采纳情况反馈机制，确保少数民族特色村寨保护与发展立法是大家共识的凝聚。

第六，对少数民族特色村寨保护与发展法中牵涉到村寨整体利益和私人重大利益的条款，要展开立法论证、听证程序。另外，要完善法律草案表决程序。

（二）少数民族特色村寨保护与发展法的其他立法原则

科学立法是少数民族特色村寨保护与发展法创制的基本原则，但这并不意味着仅仅遵循科学立法原则就可以创制出既科学、理性且契合少数民族特色村寨的实际又有助于国家、政府、社会法治建设全面推进的立法规范。笔者认为真正确保少数民族特色村寨保护与发展法的创制，还需要遵循以下几个基本原则：

1. 民主立法原则。“民主立法就是立法活动及其结果要反映民意，体现人民群众的愿望，反映人民群众的要求。立法要通过各种途径和形式扩大公众对立法活动的有序、有效参与度和增强立法工作的决策透明度。”①“立法的民主化是在立法时，以民主意识、民主观念、民主作风、民主原则和民主程序，保证最大范围地、最广泛地倾听民意、反映民意，使法律符合民意、体现民意，真正成为人民自己的法律。”②我国是社会主义国家，人民是国家的主人，国家的一切权力属于人民也必须服务于人民。因此，国家保障人民的民主权利，特别是“人民当家作主”的权力。现行《立法法》第5条明确规定：“立法应当体现人民的意志，发扬社会主义民主，坚持立法公开，保障人民通过多种途径参与立法活动。”《立法法》第5条的规定表明，立法的内容应当体现和反映民意，在立法过程中应当充分发扬民主，保障人民通过多种途径参与并监督国家的立法活动。民主立法原则，除了《立法法》的明文规定外，我国现行《宪法》第2条也明确规定：“人民依照法律规定，通过各种途径和形式，管理国家事务，管理经济和文化事业，管理社会事务。”很显然，立法活动应该贯彻落实人民参与原则，充分、有效地发扬民主、反映民意、凝聚民智。“民主立法，就是要求法律真正反映最广大人民的共同意愿，充分实现最广大人民的民主权利，切实维护最广大人民的根本利益。民主立法的核心在于立法要为了人

① 李培传：《论立法》（第三版），中国法制出版社2013年版，第11页。

② 李步云：《法理学》，经济科学出版社2001年版，第535页。

民、依靠人民。实现民主立法，必须坚持人民主体地位，贯彻群众路线，充分发扬民主，保证人民通过多种途径有效参与立法，使立法更好地体现民情、汇聚民意、集中民智。”[①]

将民主立法作为我国少数民族特色村寨保护与发展法的基本原则，不仅有《立法法》和《宪法》的依据，而且有国际公约的依据。《保护非物质文化遗产公约》第 15 条明确规定：“缔约国在开展保护非物质文化遗产活动时，应努力确保创造、延续和传承这种遗产的社区、群体，有时是个人的最大限度的参与，并吸收他们积极地参与有关的管理。”作为该公约的缔约国，我国有义务在本国少数民族特色村寨保护与发展法的创制过程中对公众参与原则加以体现和保障。

在我国少数民族特色村寨保护与发展法的创制过程中，政府作为公共事务管理部门在维护公共利益方面负有不可推卸的责任。文化遗产的保护，是一项涉及国家利益、社会利益的大事，具有典型的公共利益和十分鲜明的社会性，因此政府在文化遗产保护问题上责无旁贷，需要利用国家公权力引导、规范少数民族特色村寨的保护与发展工作，需要利用国家公权力制止、打击或者制裁、警戒毁坏、破坏少数民族特色村寨保护与发展的行为，这也是少数民族特色村寨保护与发展法创制的缘由之一。在少数民族特色村寨保护与发展工作中，政府一方面应该利用公共财政和行政权力推动对文化遗产的确认、抢救、传承和弘扬发展；另一方面还需要充分调动公众的积极性，特别是少数民族特色村寨所在地村民、基层自治组织和相关的企业、事业单位以及社会团体等的积极性、主动性、创造性，采取多种措施、机制、方式、方法，让他们都有效、有序地参与到少数民族特色村寨的保护与发展中来，参与到少数民族特色村寨保护与发展法的创制中来。

2. 法治立法原则。法治立法原则也有人称为合法性原则，我国现行《立法法》第 4 条规定：“立法应当依照法定的权限和程序，从国家

---

① 武增：《中华人民共和国立法法解读》，中国法制出版社 2015 年版，第 20 页。

整体利益出发，维护社会主义法制的统一和尊严。”依法治国，建设法治国家要求实现国家生活法治化，要求国家和社会生活各方面有法可依。理论上认为：“合法性原则的主要内容包括立法权的存在和运行都应有法的根据，立法活动都应该依法进行；规范立法运行的法在促进立法发展的同时，应该反映和代表广大人民的根本利益，有利于社会的进步和全面发展；有关立法的法在立法活动的开展中具有权威性。任何组织个人如有违反都应当受到追究。”[①] 为此，要切实维护宪法的权威，维护社会主义法制的统一，健全和完善相关的立法制度，特别是有关立法权限划分、立法运作程序、中央立法与地方立法、上位立法与下位立法、权力机关立法与行政机关立法、立法技术等方面的制度。

我国少数民族特色村寨保护与发展法牵涉的面十分宽泛，制定起来难度不小。立法过程中牵涉到财政、民族管理、发展改革、国土资源、环境保护、旅游、公安管理等多个部门，立法过程中需要对相关部门的职责权限等依法进行明确厘定，划清边界，各负其责。另外少数民族特色村寨保护与发展法与相关法，比如《宪法》《民族区域自治法》以及文物保护方面的法律法规规章，历史名城、名镇、名村保护方面的法律法规规章，以及国土规划、土地管理、消防等方面的法律法规规章之间均可能存在着一定的交叉、协调关系。同时，立法者在制定少数民族特色村寨保护与发展法时，还需要注意国际和地区性的相关文件，与其协调，不应影响这些文件的执行。总之，立法主体在立法时一定要坚持立法法治原则，注意彼此间的协调与衔接，与相关法协调一致互相配合，共同服务于少数民族特色村寨的保护与发展。

3. 政府主导原则。在少数民族特色村寨保护与发展工程开展的过程中应该坚持政府主导原则。各级人民政府及其相关职能部门应该在少数民族特色村寨保护与发展中，积极主动，当好“管家”，发挥主导

① 张永和：《立法学》，法律出版社 2009 年版，第 74 页。

作用。政府及其相关职能部门的主导作用至少体现在以下几个方面：第一，政府必须为少数民族特色村寨保护与发展工程提供法律依据或者法律制度方面的支持，通过立法这一公权力的积极行使，为少数民族特色村寨保护与发展创制规则依据，并且确保其所颁行的规则具有明确的可操作性、指导性和科学性。第二，少数民族特色村寨保护与发展的一个基础和前提是保护客体和保护对象的确定问题，政府及其相关主管部门应该明确少数民族特色村寨的具体标准，确保该标准科学、理性，同时指导各地积极进行少数民族特色村寨的申报活动，遴选出符合法定标准的少数民族特色村寨。第三，政府必须主导编制少数民族特色村寨保护与发展科学规划，规划的编制是一项技术性、专业性很强的工作，且需要耗费较大的财力，对少数民族特色村寨而言可能无法负担，因此需要政府出面出资聘请合格的人员对少数民族特色村寨的保护与发展编制规划。第四，为少数民族特色村寨的保护与发展提供一定的资金、技术，同时积极采取政策措施引进资金。对在少数民族特色村寨保护与发展过程中作出突出贡献的人进行奖励，对违反少数民族特色村寨保护与发展的行为进行认定并追究责任。第五，解决少数民族特色村寨保护与发展过程中可能出现的种种矛盾纠纷，为少数民族特色村寨的保护与发展奠定良好的社会环境。

4. 保护与发展原则。有学者对该原则进行了论述："保护与发展原则意指少数民族特色村寨保护与发展工作必须坚持保护、发展并重的基本准则，不可厚此薄彼。实际上少数民族特色村寨保护与发展工程或事业本身从其名称上就意指对少数民族特色村寨要做到保护与发展并重、做到二者的完美合一。"[①] 该原则的确立是由少数民族特色村寨保护与发展工程自身特征所决定。既然如此，还有没有必要将保护与发展作为一个基本原则再提出来，笔者的回答是肯定的。学者认为："在

① 当然可能也会出现保护与发展的不甚契合，甚或是二者有抵触的现象，笔者认为源于少数民族特色村寨的整体性，这一现象出现的可能性极小。当某一个单个的器物上可能存在着保护与发展无法完美结合的情形时，保护是首选的。

我国少数民族特色村寨保护与发展的实践中的确存在着有的地方重视保护轻视发展的现象。重视保护轻视发展最直接的表现是固守古董、刻板僵化地理解文物保护不改变文物原状，对少数民族特色村寨不敢进行任何改革、改良和改变。实际上少数民族特色村寨作为一个系统，有的部分、有的要素应时代的发展、应居民生活的需要作一定的不影响其真实性、整体性的改变、改良，可能更能够实现少数民族特色村寨保护与发展的根本目的。”① 正如吴大华教授所言：“保护的目的不仅仅是封存起来，而是为了利用和发展。古老的传统文化只有与现代生活进程相协调相一致才是有意义的，才具备了进一步改造、创新并最终获得发展的条件，才能具有旺盛的生命力，也才能继续传承下去。”② 学者认为：“只有在保护中同时关注发展，保护才会有源源不断的动力和激情，保护工作才可以成为可持续发展的工作。另一个方面是，在少数民族特色村寨保护与发展的实践中也的确存在着有的地方重视发展轻视保护的现象。这一现象最明显的表现就是不顾环境、地区等的承载量，对少数民族特色村寨进行掠夺性开发、利用，仅仅追求经济利益，只顾眼前利益、局部利益，这类现象在市场经济条件下，相对于前一种不良现象更为普遍。在有些少数民族特色村寨开发经营的实践中存在着毁损器物、破坏文化等令人痛心的情形。笔者认为在少数民族特色村寨保护与发展问题上保护是基础，是关键，是前提，没有了保护的客体，如何谈对其发展，所以，没有保护就没有发展。”③ 有学者在论及民族传统文化保护与发展的关系时说：“保护是必须的，在一定程度上也是无条件的，保护了至少可以给中华民族的历史留下真实的记录，可以留待后人去认识、去了解，甚至去利用、发展其最有价值

① 张显伟：《少数民族特色村寨保护与发展的基本原则》，载《广西民族研究》2014 年第 5 期。

② 吴大华、郭婧：《火灾下正式制度的“失败”——以贵州黔东南地区民族村寨为例》，载《西北民族大学学报》（哲学社会科学版）2013 年第 3 期。

③ 张显伟：《少数民族特色村寨保护与发展的基本原则》，载《广西民族研究》2014 年第 5 期。

的部分。不论是重保护轻发展现象，还是重发展轻保护现象，笔者认为都不利于少数民族特色村寨保护与发展工作的科学、可持续性展开与运行，都无法从根本意义上实现少数民族特色村寨保护与发展的目的。”[①] 源于实践中对二者关系的把握，将保护与发展作为少数民族特色村寨保护与发展的一项基本原则并不是多余的。

5. 整体保护、有效保护与整治环境、发展旅游、文化创意产业相结合原则。这里从两方面展开，其一是整体保护和有效保护；其二是保护与整治环境、发展旅游、文化产业创意相结合。因为这是一个问题的两个方面，所以，笔者将其合为一个原则。整体保护是指坚持保护的整体性原则。一个具有悠久历史的民族所创造的文化遗产是丰富多彩的，尽管其表现形式、内涵、功能等方面存在着差异，但因其都是该少数民族精神情感的衍生物，因而具有内在的统一性，是同源共生、生气相通的文化共同体。这就要求立法者在立法保护少数民族特色村寨的时候注重保护文化的整体，设定具体的保护制度时应该全盘考量，不能只注意代表性事项的保护而轻视、忽视，抑或是人为割舍与代表性事项相关的其他事项的保护。在少数民族特色村寨保护过程中既要保护一个民居、一个村寨、一座桥梁，也要注意对周边生态环境、人工建筑物的保护。另一方面，要注意到文化生态与非物质文化遗产或者物质文化遗产休戚与共，对于文化遗产的生存与发展有着特殊的意义，在立法过程中，应该充分考虑文化生态的保护，从而推动少数民族特色村寨经济、社会的可持续发展。与此同时，还要注意对于不同的保护对象需要采取、实施不同的保护手段，注重发挥专业研究人员的作用。特别是在制定与保护措施、保护手段有关的立法时，应该采纳专家意见，对少数民族特色村寨进行整体性、有效的保护。整体保护、有效保护与整治环境、发展旅游、文化创意产业相结合原

① 和少英:《民族文化保护与传承的“本体论”》，载《云南民族大学学报》（哲学社会科学版）2009 年第 2 期。

则确立的依据主要是基于下述考量：

少数民族特色村寨保护与发展法的目的有两个，其一是保护少数民族特色村寨，确保村寨不因为社会发展、现代化进程、市场经济的冲击而失去其古老的、悠久的特色，因此保护是主要的，保护是发展的前提，但是这里的保护不是静态的保护，是发展中、利用中的保护。有的少数民族特色村寨为了保护某一个古老的特色民居，让原本居住的村民家庭搬走，使得民居没人居住，甚至有的地方将某个少数民族特色建筑，比如桥梁用铁丝网围起来，不让人们参观、触摸，这不是保护的目的。“有人住、有人气才能活起来”，因此在保护的前提下，应该采取法律措施和手段，出台相关政策，引导、鼓励特色村寨的村民把保护古老的特色建筑、乡土建筑与发展乡村经济，发展特色旅游、特色农庄等结合起来，利用传统文化发展文化创意产业。其二是在保护的基础上，注意利用法律措施和手段引导政府及其相关部门、当地的基层组织以及村民整治少数民族特色村寨的环境，加强少数民族特色村寨基础设施建设，改善少数民族特色村寨村民的生活条件，使少数民族特色村寨的村民享受现代文明生活。保护少数民族特色村寨的最终是为了村寨民众生活的和谐与幸福，因此，在少数民族特色村寨保护与发展法创制中一定要秉持有效保护与整治环境、发展旅游、文化创意产业相结合的原则。

第五章 少数民族特色村寨保护与发展法律关系主体

一、法律关系主体与少数民族特色村寨保护与发展法律关系主体

（一）法律关系主体的基本理论

1. 法律关系主体的含义。法律关系主体亦即法律主体，是指在法律关系中享有权利和承担义务的人和组织。其中享有权利的一方主体称为权利人，承担义务的一方主体称为义务人。

2. 法律关系主体的种类。在一个国家中什么样的人或组织能够成为法律关系的主体，取决于该国的法律规定。在不同的社会、在社会发展的不同历史时期，法律关系主体的种类并不完全相同，例如，在许多奴隶制社会中，奴隶被视为奴隶主的私有财产，因此奴隶就不能成为政治法律关系和财产法律关系的主体。

从目前我国的相关规定来看，总的来说，法律关系的主体主要有三类。第一类是公民个人。在我国凡是取得中华人民共和国国籍的人都是法律关系的一般意义上的主体，都是基本权利的享用者和基本义务的承担者，可以和其他公民、社会组织、国家机关以及国家之间发生多种形式的法律关系。某些政治法律关系，如选举法的关系，非中国公民不得参加。依照我国法律和国籍惯例，居住在我国的外国人和无国籍的人也可以成为我国某些法律关系的参加者。第二类是组织。这里所说的组织是指多个个人（自然人）主体为实现特定的目的而有意识地联合在一起的群体。[①]组织是现代社会中最有影响的法律关系主体。[②]一般认为组织主体主要包括三类：其一是国家机关，包括国家权力机关、行政机关、审判机关和检察机关等，它们都在自己的职权范围内活动，是宪法关系、行政法关系、诉讼法关系的主体；其二是政党、社会团体；其三是企业、事业单位。在民事法律关系中，具有民事权利能力和民事行为能力，依法独立享有民事权利和承担民事义务的组织称为法人。国家机关也可以以法人的身份参加到某些民事法律关系中，只是这时国家机关的活动不具有行使职权的性质。第三类是国家。国家作为一个整体是某些重要法律关系的参加者，它可以作为国家所有权关系、刑法关系的主体，又可以成为国际法关系的主体。国家的构成单位也可成为某些法律关系的主体，如根据《民族区域自治法》《香港特别行政区基本法》《澳门特别行政区基本法》等所形成的法律关系，我国各类地方构成单位都可能成为相应法律关系的主体。

3. 法律关系主体的特征。法律性和社会性是法律关系主体的基本特征。所谓法律关系主体的法律性质，是指法律关系主体是由法律规范所明确规定的，没有法律规范的明确规定，任何一个主体都不可能成为法律关系的主体，与法律规范的联系也就成为法律关系主体与其

---

① 季卫东：《法治秩序的建构》，中国政法大学出版社 1999 年版，第 112 页。

② 沈宗灵：《论法律移植和比较法学》，载《外国法译评》1995 年第 1 期。

他形式社会关系主体的区别之一。比如，按照我国《婚姻法》第6条规定："结婚年龄，男不得早于二十二周岁，女不得早于二十周岁"，低于上述年龄的不得成为婚姻法律关系的主体。

法律关系主体的社会性是指法律规范规定法律关系主体是由一定的社会物质生活条件决定的。正如文上所述，在奴隶制国家中，只有自由民才是法律关系的主体，而奴隶则像物品一样，只是法律关系的客体，这一法律规定是由奴隶制社会的生产方式决定的，奴隶主不仅占有生产资料，占有奴隶的劳动，而且直接占有奴隶本身。

4. 法律关系主体的资格。权利能力和行为能力是社会关系主体可以成为法律关系主体的资格要求。作为法律关系的具体参加者和法律权利（权力）的享有者、法律义务的承担者，法律关系主体必须具有外在的独立性，法律关系主体能够以自己的名义享有权利和承担义务，法律关系的主体在具体参见法律关系、享有法律权利（权力）和承担法律义务时，均具有一定的意志自由和意思自治。这种意志自由和意思自治在法律上的表现就是法律权利能力和法律行为能力。反之，如果某一社会关系主体不具有一定的独立性和自由、自主性，只是依附于其他社会关系主体，那么，该社会关系主体则不能成为法律关系的主体。

权利能力是指权利主体享有权利和承担义务的能力，它反映了权利主体取得享有权利和承担义务的资格。各种具体权利的产生必须以主体的权利能力为前提。权利能力通常是与国籍相联系的，一个国家的所有公民都应具有权利能力。在不同的法律关系中，对参加者的要求不同，所需要的权利能力也会有不同。行为能力是指权利主体能够通过自己的行为取得权利和承担义务的能力。行为能力必须以权利能力为前提，无权利能力就谈不了行为能力。但是，对自然人来讲，有权利能力不一定有行为能力，作为权利主体必须有自由的意志，这不仅意味着主体能够以自己的名义独立地参与到法律关系中，而且意味着主体能够理解自己的行为，并通过自己有意识的行为独立实现主体的法律权利和法律义务。各国的法律中，对自然人的行为能力都有年龄方面和健康方面的限制，因此，行为能力被界分为完全行为能力、无行为能力和限制行为能力三种。

不仅自然人具有权利能力和行为能力，社会组织也具有权利能力和行为能力。作为民事法律关系主体的法人，其权利能力和行为能力不同于自然人。法人的权利能力和行为能力是同时产生和同时消亡的，法人的民事权利能力和民事行为能力始于法人依法成立之时，终于依法解散、破产等。法人的权利能力和行为能力是匹配的，换句话说，法人有何权利对应于法人的行为和成立的目的与宗旨。自然人的行为能力一般需要通过自身的行为来实现，而法人的行为能力则需要通过法定代表人来实现。

与权利能力和行为能力紧密相连的还有责任能力。对于自然人而言，所谓责任能力是指行为人能够认知和控制自己的行为，并能够对自己的行为承担责任的能力。责任能力的核心在于行为人的认知和控制能力，即能够认识到自己行为的目的、性质和后果，并能够有意识地引导和控制自己的行为。一方面，只有具备正常的认知和控制能力，行为人的思想和行为之间才有因果联系，行为人才应该对其行为承担法律责任。另一方面，只有具备正常的认知和控制能力，行为人才能充分地理解法律责任，这样，法律责任的预防、惩罚和教育作用才能够有效发挥。

对于自然人而言，行为人有无责任能力主要是根据年龄和精神状态进行判断。对于法人而言，其责任能力从法人成立时起便具备。国家在一些情况下也是法律责任的承担主体，比如行政机关的具体行政行为对相对人的合法权益造成损害时，国家就应承担赔偿责任。

5. 法律关系主体的重要。法律关系主体是法律关系三要素之一，法学基础理论认为法律关系的构成离不开三个基本要素，这三个基本要素是：法律关系主体、法律关系客体和法律关系内容。法律关系主体是法律关系中的主导因素，没有法律主体，法律关系就无从谈起。

正如有学者所谓："在很多情况下，法律主体直接决定着法律关系的形成、变更和消灭利用。"[①] 另外，法律本身就是规范主体行为的规则，法律主体的行为是否依法而为决定了法律调整机制的目的实现与否。

（二）少数民族特色村寨保护与发展之国际法主体

完整地说，少数民族特色村寨保护与发展法律关系的主体有国内法律关系的主体和国际法律关系的主体之区别。少数民族特色村寨保护与发展之国际法主体来自于国际条约、公约等规定的义务，国家加入的国际条约、国际公约是各国政府加强对本国包括少数民族特色村寨在内的民族文化保护的国际法律责任的依据。

"国际法的主体是指在国际法上有能力享有国际法上的权利且有能力履行国际法上的义务的实体"，[②] 正如有学者所言："现代国际法的主体有：国家、国际组织以及正在争取解放的民族等几种类型。"[③] 站在少数民族特色村寨保护与发展的立场，少数民族特色村寨保护与发展的主体仅涉及国际组织和国家。

1. 少数民族特色村寨保护与发展之国际组织。"国际组织亦称国际团体或国际机构，是具有国际性行为特征的组织，是两个或两个以上国家（或其他国际法主体）为实现共同的政治经济目的，依据其缔结的条约或其他正式法律文件建立的有一定规章制度的常设性机构。"[④] 国际组织既包括政府间国际组织，也包括非政府间国际组织。但是纳入国际法范畴，能够成为国际法律关系主体的国际组织一般意指政府间国际组织。在少数民族特色村寨保护与发展视角承担有少数民族特色村寨保护与发展国际法责任、享有相应权利的国际法主体主要有联合国大会、联合国教育、科学及文化组织、世界知识产权组织、国际劳

---

① 张文显主编：《法理学》，高等教育出版社 2015 年版，第 377 页。

② 邵津主编：《国际法》，北京大学出版社、高等教育出版社 2000 年版，第 8 页。

③ 邵津主编：《国际法》，北京大学出版社、高等教育出版社 2000 年版，第 9 页。

④ 邵津主编：《国际法》，北京大学出版社 2011 年版，第 226 页。

工组织、联合国经济和社会理事会、联合国粮食及农业组织以及相关区域性国际组织。由于课题研究主要谈少数民族特色村寨保护与发展国内法问题，对国际法问题不做涉及，所以对以上等国际法主体不做展开讨论。但是，我们需要明确的是在国际法层面上看，保护与发展少数民族特色村寨不仅是一个国家的事情，也是国际的事情，是国家作为国际社会的一分子应尽的社会责任。基于国际法的要求，国际组织尤其是政府间国际组织是少数民族特色村寨等少数民族文化保护与发展法律关系的主体。

2. 少数民族特色村寨保护与发展之国家。在包括少数民族特色村寨保护在内的民族文化遗产保护视角，在国际法之国家权利和义务视角，国家是民族文化保护与发展法律关系的主体，具有独立的主体地位。其主体地位主要表现在：

第一，独立缔结或者参加相关国际条约。对外有权独立地缔结或者参加文化遗产保护相关的国际条约。在国际法上条约是国际法主体之间，主要是国家之间缔结的协议，其内容是确定国际法主体相互间在某一问题或某些问题上的权利和义务，或者确立某方面的国际法原则和制度。[①] 中国作为国际法主体几乎参加了全部与文化遗产保护相关的国际条约。如《保护文学和艺术作品伯尔尼公约》、《关于发生武装冲突时保护文化遗产的公约》及其议定书、《禁止和防止非法进出口文化财产和非法转让其所有权的方法的公约》、《保护世界文化和自然遗产公约》、《保护非物质文化遗产公约》、《保护和促进文化表现形式多样性公约》。这表明了我国愿意与其他国家一道共同保护人类文化遗产的立场。此外，我国对于那些对成员国虽不具有强制约束力但在道义上有影响力的相关宣言也一贯持积极的态度，如《保护传统文化和民俗的建议》《世界文化多样性宣言》《土著人民权利宣言》。我国在相关国

① 李发耀：《论非物质文化遗产持有人权利保护的内容及其形式——当前立法热点分析》，载《贵州师范大学学报》2009 年第 1 期。

际条约的规定下履行保护文化遗产的国际义务。

第二，在国际一级行使相关国际权利履行相关国际义务。其一，对非位于本国境内的世界遗产有保护义务。我国与其他缔约国应当将位于缔约国领土内的文化遗产视为人类共同遗产的一部分，是人类共同的资源，给予同等的保护。必要时，文化遗产所在地国家，尤其是发展中国家，有权申请国际援助。其二，作为文化遗产源生地国的发展中国家，有权要求发达国家履行其相应的国际义务。国家对其境内的文化遗产有正当的资源财产权利。这个权利源于1992年签署1993年生效的《生物多样性公约》，其中第3条和第15条规定："各国对其本国的遗传资源享有主权，遗传资源的取得必须经提供这种资源的缔约国事先知情同意，而且提供遗传资源的国家有权公平分享研究和开发此资源的成果和其他方面利用资源所获得的利益。"① 其三，作为文化遗产保护的国际受援国应当履行相应的国际义务。

第三，在国家一级履行相关业务。归纳起来主要有以下几项：

其一，发挥国家作用，确保其领土上的文化遗产受到保护。国家作为极富有号召力和动员力的特殊主体，其可以凭借国家的力量号召、动员全社会力量，采取措施、手段倡议、召集和组织各社会团体、各群体和有关组织参与到文化遗产和文化遗产载体等的保护与发展工作中。国家可以权威、高效地对其领土上的各种文化遗产进行确认和确定；可以采取各种必要的手段和方法对其境内的文化遗产进行保护、宣传、弘扬、承传和振兴；可以采取确认、立档、研究等各种必要措施确保其领土上的文化遗产得到应有的保护和发展。对于中华民族而言，毫无疑问，优秀的文化遗产是我们民族集体记忆的根源，是我们民族的情感基因，也是沟通我们今天与历史的最有效渠道。因此，在国家一级保护文化遗产，对于我们国家的发展和民族复兴有非常重要的意义，保护文化遗产是国家文化发展战略的重要内容，也是实现国

---

① 参见《生物多样性公约》第3条和第15条。

家文化战略的重要途径和实施方式。[①]

其二，建立国家文化遗产清单。为了使主权国家领土上的文化遗产得到确认，以便加强针对性保护和发展，根据联合国与保护文化遗产有关的公约规定，各缔约国有“根据自己的国情拟定关于这类遗产的清单并定期加以更新”的国际法义务和责任。另外，国家还需定期向委员会提供有关这些清单的情况。根据国际公约规定的义务，我国也对境内的文化遗产进行了确认，建立了保护清单，公布了《国家级非物质文化遗产名录》。为更好地保护与发展中国境内的文化遗产，我国各省（区、市）也都相应建立了省级的非物质文化遗产名录。一些市、县也建立了县一级的本县的非物质文化遗产名录。

其三，为使领土内的非物质文化遗产得到保护、弘扬和展示，采取切实措施。为了确保国家领土范围或者主权管辖范围内的非物质文化遗产得到切实的保护、弘扬、展示和发展，根据相关国际公约的规定各缔约国应采取必要措施。这些具体的措施主要有四个：第一，制定措施。制定一项总的政策，将非物质文化遗产的保护纳入规划工作。第二，设立专门机构。指定或建立一个或数个主管保护其领土上的非物质文化遗产的机构。第三，开展研究。通过政策的、法律的、经济的以及一些必要的方式、方法，鼓励开展有效保护非物质文化遗产的科学、技术和艺术研究以及方法研究，特别是针对濒危非物质文化遗产。第四，采取措施。根据公约规定：“国家应该采取适当的法律、技术、行政和财政措施，以便促进建立或加强培训管理非物质文化遗产的机构以及通过为这种遗产提供活动和表现的场所和空间，促进这种遗产的传承；确保对非物质文化遗产的享用，同时对享用这种遗产的特殊方面的习俗做法予以尊重；建立非物质文化遗产文献机构并促进

① 王文章、陈飞虎:《文化遗产保护与国家文化战略》，载《华中师范大学学报》2008 年第 3 期。

对它的利用。”①

其四，采取必要的手段进行非物质文化遗产保护的教育、宣传和能力培养。根据公约的相关规定，国家在这方面的义务和作用主要有：第一，尊重和弘扬非物质文化遗产。“国家通过向公众尤其是向青年进行宣传和传播信息的教育计划，通过面向有关社区和群体的具体的教育和培训计划，通过开展保护非物质文化遗产的活动，尤其是管理和科研方面的能力培养活动，以及非正规的知识传播手段，使非物质文化遗产在社会中得到确认、尊重和弘扬。第二，不断向公众宣传对这种遗产造成的威胁以及根据本公约所开展的活动。第三，促进保护表现非物质文化遗产所需的自然场所和纪念地点的教育。”②

其五，努力确保作为文化遗产权利主体的社区、群体或者个人的参与。缔约国在保护文化遗产的同时应努力确保创造、延续和传承这种遗产的群体、团体，有时是个人的最大限度地参与，并吸收他们积极参与相关的管理。正如有学者所言：“公约通过对这些缔约国责任的确定，在一定程度上保证了各国对本国文化遗产保护工作的重视，并促使各缔约国积极开展各项工作来保护本国的文化遗产。”③

（三）少数民族特色村寨保护与发展之国内法主体

少数民族特色村寨保护与发展之国内法主体意指在国内层面负有少数民族特色村寨保护与发展义务，同时也享有相应权利的主体。宏观地论，在少数民族特色村寨保护与发展问题上负有一定义务享有一定权利的主体笔者认为应该有国家机关 、少数民族特色村寨的少数民族群体、参与少数民族特色村寨保护与发展的其他主体三类。下面笔者

---

① 参见《保护非物质文化遗产公约》第 3 章“在国家一级保护非物质文化遗产”第 13 条“其他保护措施”第 4 项。

② 参见《保护非物质文化遗产公约》第 3 章“在国家一级保护非物质文化遗产”第 14 条。

③ 李国、杨斌:《论非物质文化遗产国际环境法保护制度》，载《法制与社会发展》2009 年第 4 期。

针对少数民族特色村寨保护与发展的国家机关主体略作展开。

实际上在少数民族特色村寨保护与发展问题上，作为一个系统工程，其义务主体包括行政机关、立法机关和司法机关等国家机关。具体论，一般而言需要立法机关对少数民族特色村寨保护与发展中的最大问题施以立法，上升到法律规范中来，以引导这一工作的开展，规范少数民族特色村寨保护与发展法律关系。没有立法机关的立法行为，或者其所制定的法律规范存在疏漏、不科学、不理性、不民主，少数民族特色村寨的保护与发展活动就不可能顺利展开并取得成效。特别是在法治国家、法治政府、法治社会全面推进的新时代背景下，立法机关对少数民族特色村寨保护与发展问题制定科学、理性、民主的法规范尤为必要，是少数民族特色村寨保护与发展法治化的前提和基础。少数民族特色村寨的保护与发展是新时期贯彻和落实党和国家民族政策，实现少数民族繁荣、发展，实现各民族团结的重要举措，因此，各级政府、相关主管部门负有义不容辞的责任。在少数民族特色村寨保护与发展工作中，难免需要问题的裁判和纠纷的解决，因此，司法机关在少数民族特色村寨保护与发展中也负有责任。此外，只有调动政府的积极性，才可以对少数民族文化进行较为完整、精细的保护。下面笔者以广西三江侗族自治县侗族特色村寨保护与发展中政府的保护措施和计划为例证，辅助论证政府在少数民族特色村寨保护与发展中的作为和责任：

第一，资金投入情况。1984 年以来，国家、自治区、自治县对国家重点文物保护单位、区级重点文物保护单位、县级重点文物保护单位拨了近 400 万元专款进行保护和维修三江侗族自治县少数民族特色村寨；为了弘扬和传承侗族建筑文化，2002 年，三江侗族自治县通过人民政府拨款及社会捐资，投入 110 万元建成了目前全国侗族最大、最高、最有标志性的 27 层鼓楼——三江鼓楼；2000 年以来，为加大村寨防火基础设施建设，三江侗族自治县人民政府及消防部门共投入 160 多万元在重点村寨兴建消防水池，配备消防机及大批消防器材；2001

年以来，为消除电线老化易引起火灾的祸患，水电部门先后投入400多万元对全自治县农房进行了一次较为彻底的电网改造。

第二，已采取的保护措施。对建筑的保护方面，采取制定法规、加强防护火等措施。为弘扬民族精神，保护民族文化遗产，长期以来地方党委和政府十分重视民族文化的传承、保护和发展，并把保护民族文化遗产纳入地方法规。《三江侗族自治县自治条例》第37条规定："自治县的自治机关加强对革命文物、历史文物和程阳桥、马胖鼓楼、岜团桥等民族文物、名胜古迹的管理和保护。"并把程阳桥、岜团桥作为地方青少年爱国主义教育基地来宣传。在2015年9月25日，《三江侗族自治县少数民族特色村寨保护与发展条例》正式颁行，这意味着针对三江侗族特色村寨的保护与发展，三江侗族自治县有了专门的立法，实现了在法律层面对民族特色村寨的传统物质文化和非物质文化的保护和发展。为使公共建筑物不受破坏，完好保存，政府引导各村寨制定了村规民约，明确了对公共建筑的管理和保护。侗族居住集中，村寨密集，大的村子有500户以上，小的村屯也有50户左右，由于木楼耐火等级差，导致火警、火灾十分频繁。为减少村寨火灾发生的次数，保护人民生命和财产不受损失，近年来，地方政府加大了防火安全的力度，在重点村文物保护区、重点村屯建立防火水池，配备防火器材，大村大寨开设防火线设立防火员，建立防火队伍。此外，由于同乐、独峒孟江河流域一带的侗族村寨是广西三江侗族自治县目前村寨传统建筑保存最好、风雨桥最多、鼓楼群最多、民族传统节日最多的地区，全程15千米，政府对其实行统一管护。在三江侗族自治县的积极努力下，2004年广西壮族自治区文化厅决定将三江孟江河流域设为广西侗族民族文化生态保护区，并下拨了一定的保护费用，同时成立广西三江民族生态博物馆。三江侗族自治县人民政府相应地制定了《三江侗族自治县民族生态保护条例》，把侗族的重点村寨及鼓楼、风雨桥作为重点保护内容。对工艺传承的保护方面，为保护民族民间著名工匠的技艺，保护民间建筑艺人，每两年由县文化有关部门评定，由县人民政府授予民族民间文化“十佳艺人”牌匾。对两代以上，建筑工艺高超的工匠家庭授予“侗族木匠世家”牌匾。自古以来，兴建鼓楼和风雨桥都是群众自发组织，自愿捐资，献料请木匠建造，从未由地方政府拨款建造。为展示民间艺人风采，使民族工艺发扬光大，2002 年，三江侗族自治县人民政府首次拨款 100 万元，由侗族木匠世家杨似玉为掌墨师，承建了县城河东三江鼓楼，为目前整个侗族地区鼓楼之冠。

第三，制定具体的保护计划，对三江侗族少数民族特色村寨进行保护与发展。为了保护侗族建筑技艺，三江侗族自治县人民政府在 2006 年初制定了针对三江侗族自治县侗族特色村寨的五年保护计划。下面笔者对这份计划作以简单介绍，以期通过本计划直观反映政府在少数民族特色村寨保护与发展中的作用和价值。

对重点村寨和重点建筑的保护计划：其一，扩大民族生态保护区的保护范围，从现代生态保护区到同乐、独峒两乡，扩大到林溪、八江等村寨。其二，针对特色村寨的重点建筑物进行重点保护，采取专门性保护措施。

对三江侗族民族工艺传承的保护与发展计划：其一，普查阶段。2006 年，计划对全县民居、古楼、风雨桥等以及全县的木匠进行全面普查。通过普查，了解各流派的建筑艺术风格，在普查过程中分别详细记录并造册，为今后研究提供可靠的文字史料。其二，技艺交流会。2007 年，计划将三江侗族自治县内所有的木匠师傅分片集中进行技艺交流，介绍建筑历史和技艺、技术等情况，从中挑选 10 名大家公认技术高超的师傅来进行交流，并参加全自治县的技艺比赛。其三，建筑模拟比赛。2008 年，将自治县的师傅集中起来，进行建筑模拟比赛，模拟比赛要求个人自制民居、古楼、风雨桥各一座，评委通过记分方式进行评分，授予评定结果前 30 名的师傅首届“侗族建筑技艺传承人”称号。其四，举办培训。2009 年，为全面提高侗族木匠师傅的工艺水平，计划两年内每年承办一次技艺培训班，培训班将采取理论讲授和实际操作相结合的方法。培训班的授课者由已获得“侗族建筑技艺传承人”称号的师傅主讲。其五，组建一支高水平的建筑队伍。2010年，为适应各地旅游事业发展的需要，必须组建一支高水平的建筑队伍。这支队伍的建筑技术、技艺要求达到国内一流水准，同时积极与外界多方面联系，让他们到各地承建具有独特风格的侗族建筑物，以扩大侗族建筑工艺的社会影响。

2016年12月，笔者实地走访调研后了解到，三江侗族自治县政府2005年底制定的上述计划得到了认真执行。正如2016年11月19日发布的《三江侗族自治县政府换届工作报告》所明确的那样："高友村、高秀村、平岩村、高定村、车寨村等5个侗族村寨列入中国世界文化遗产预备名单，丹洲村、高定村、高友村、平岩村列入中国传统村落名录，12个村寨入选中国少数民族特色村寨名录，和里三王宫列为全国重点文物保护单位；中国侗族多耶节备受瞩目，民间节庆影响力日益扩大。三江侗族自治县荣获全国文化先进县、广西首批特色文化产业示范县等称号。”三江侗族自治县少数民族特色村寨的保护与发展取得了明显成效。

二、政府在少数民族特色村寨保护与发展中的角色定位

这里的政府特指各级人民政府及其相关职能部门，在行政法学理论上可以称为行政机关。相对于立法机关、司法机关和其他国家机关而言，政府在少数民族特色村寨保护与发展方面应该具有更大的责任。上文，笔者以三江侗族自治县政府为例，简单论述了国家机关在少数民族特色村寨保护与发展中的主体地位。本部分笔者将较为详细地分析政府在少数民族特色村寨保护与发展中的角色定位。

政府在少数民族特色村寨保护与发展中的角色定位或者其在少数民族特色村寨保护与发展中应该担负的职责均可以具体化，承担公共管理和公共服务职能。

笔者认为在少数民族特色村寨保护与发展方面政府应该有但不限于下列职责：

第一，制定并实施保护与发展的措施、方案。少数民族特色村寨的保护与发展意义深远，牵涉的社会关系比较复杂且影响较大，因此必须将少数民族特色村寨保护与发展的问题上升到立法中来。笔者在立法模式中谈到少数民族特色村寨保护与发展法应该由最高国家机关统一制定，但是全国人大及其常委会所制定的少数民族特色村寨保护与发展法，需要依靠政府及其职能部门予以执行、实施和实现，因此，政府需要在最高国家机关立法的基础上进一步细化保护手段、保护措施，制定详细周密、科学理性的保护与发展方案、方法。政府应该制定并实施少数民族特色村寨保护与发展的措施、方案有两方面原因：其一，少数民族特色村寨的保护与发展牵涉到政府的许多职能部门，比如文物文化部门、城乡规划部门、财政部门、民族事务部门、旅游管理部门、环境保护部门等，需要综合协调，只有依靠立法才可以确定其间的分工与合作关系，才可以确保相关职能部门齐心合力做好少数民族特色村寨的保护与发展工作；其二，在法治政府全面推进的时代背景下，要求政府对少数民族特色村寨的保护与发展行为应该有法律的规范，防止政府滥用权力，侵害少数民族特色村寨所在地人们的合法权益。

第二，理念的宣传者。少数民族特色村寨的保护与发展具有极大的政治意义和社会意义，但是，客观说少数民族特色村寨所在地民众可能根本意识不到这一深远意义，甚至一定程度上，有的少数民族特色村寨所在地的人还认为对少数民族特色村寨的保护限制了自己的自由，影响了自己生活的现代化发展。正如前文所述，近年来随着城镇化、现代化的发展，不少少数民族特色村寨的民众将自家的竹木结构的特色村寨毁掉改造成砖瓦结构的现代建筑，他们认为砖瓦结构的高楼大厦利于用电，整洁明亮，是现代生活的要求。笔者认为没有扭转这一意识，硬性地谈少数民族特色村寨的保护是不可能奏效的，特别是绝大多数少数民族特色村寨的民居是当地村民私人财产的情况下，硬性地约束村民不得毁坏特色民居或者要求特色民居的维修、保养要“修旧如旧”是很难奏效的，不可能让少数民族特色村寨的村民真心拥护。很显然，没有了少数民族特色村寨民众的真心拥护、支持和配合，少数民族特色村寨的保护与发展工作根本无法开展。因此，需要改变少数民族特色村寨所在地民众的观念，使其意识到保护与发展少数民族特色村寨就是保护与传承少数民族文化，就是在维护各民族共同团结，就是在实现各民族共同繁荣，而这无疑需要政府开展大力的、细致的、耐心的宣传教育工作，需要依靠各种宣传途径、手段将保护与发展意义、重要性宣传到位。当然政府是少数民族特色村寨保护与发展理念的宣传者，但并不否认社会团体、新闻媒体、学校、社会组织等在少数民族特色村寨保护与发展意义宣传方面的重要性。

第三，制度的捍卫者和责任的追究者。将少数民族特色村寨的保护与发展上升到立法，意味着对少数民族特色村寨的破坏行为等要进行责任认定和责任追究。例如，《融水苗族自治县少数民族特色村寨保护与发展暂行办法》第16条明文规定:“在少数民族特色村寨保护与发展规划区内，不得从事下列行为:（一）在村寨区域存放易燃性、爆炸性危险物质;（二）电鱼、毒鱼、炸鱼;（三）擅自采伐林木、采挖树兜树木;（四）乱占土地，擅自开山、采矿、采石、挖沙、取土、修坟;（五）在非指定区域倾倒垃圾、堆放垃圾;（六）随意张贴广告、标语，堆放、悬挂有碍特色村寨容貌的相关物品;（七）恶意破坏公共设施和刻划、涂污、损坏建筑物、文物以及移动、损坏文物保护设施;（八）未经有关部门批准擅自修建建筑物、构筑物和其他设施;（九）不按规划和设计要求修建建筑物、构筑物和其他设施;（十）违反法律、法规规定的其他行为。”同时，在几部少数民族特色村寨保护立法中也均规定了违反立法禁止性行为的法律责任。比如《黔东南苗族侗族自治州民族文化村寨保护条例》在第38条就明确规定了违反本条例第33条的处罚。因此，对违反少数民族特色村寨保护与发展的行为进行认定和责任追究，也应该是政府义不容辞的。

第四，资金的支持者。少数民族特色村寨的保护与发展离不开资金的投入，完全依靠特色村寨村民出钱维修保养或者改建、重建少数民族特色村寨，对本来经济就较落后的少数民族地区来说，是不现实的，因此需要政府的资金投入，不仅是地方基层政府的资金投入，还需要国家财政的资金支持。自2009年，我国开展少数民族特色村寨保护与发展工程以来，国家财政部和国家民委已经对少数民族特色村寨的保护与发展投入了大量的资金，其收效是明显的。“单就2009年开始后的两年，国家共投入中央财政补助资金1.1亿，项目覆盖28个省区、35个少数民族的206个特色村寨，这些村寨在两年的保护与发展中新农村建设取得了明显成就：生活宽裕、生产发展、乡风文明、村容整洁、管理民主。”[①] 少数民族特色村寨保护与发展立法也在法律规范上对政府的资金投入责任作出了刚性规定，比如《融水苗族自治县少数民族特色村寨保护与发展暂行办法》第7条明确规定：“自治县人民政府加大少数民族特色村寨保护与发展投入力度，在财政预算上每年安排少数民族特色村寨建设专项资金，预算占一般公共财政预算收入的0.5%以上。同时要整合发改、住建、财政、农业、民宗、文体新广、林业、交通、旅发、扶贫、水利等部门项目建设资金，积极争取上级有关部门对少数民族特色村寨保护与发展工作给予政策、项目、技术、资金等方面的支持。鼓励引导群众自筹、社会资本投入少数民族特色村寨保护与发展工作。结合乡村建设、乡村旅游、现代农业等工作，每年集中资金打造一批示范点。”一定程度上说明了政府资金投入的重要性和必要性，但并不否认少数民族特色村寨的保护与发展需要通过多种渠道筹措资金，多方面动员全社会的力量。

第五，利益的协调者。少数民族特色村寨的保护与发展牵涉到各种

---

① 王铁志：《中国少数民族特色村寨保护与发展的政策与实践》，载《少数民族文化保护学术研讨会论文集》，中央民族大学出版社2011年版，第23页。

利益的冲突与协调，比如少数民族特色村寨所在地村民与投资开发的公司、企业或者事业单位的利益冲突与协调。目前，在我国很多少数民族特色村寨的保护与发展过程中，发展特色产业、兴办民族旅游业是一个重要举措，这一举措，可以使少数民族特色村寨村民在保护与发展活动中切实得到实惠和利益，从而提升村民保护与发展特色村寨的意识，增强对村寨保护与发展的积极性、主动性和自觉性。特色产业的发展、民族旅游业的开展都离不开资金、经营技术和技能，不论是政府还是少数民族特色村寨所在地村、屯近年来都采取招商引资的形式，引进一些资金、实力较强的大企业、大公司，无疑，这就有利益的分配问题。引进来的企业、公司是以盈利为目的的，而其使用的资源和环境却是少数民族特色村寨居民的，怎样协调好二者利益，求得双赢，无疑需要一个中立的利益协调者本着公正的原则进行决断和平衡，而政府恰恰是最合适的。

另外，在少数民族特色村寨产业的发展、培育，人才的建设，以及少数民族特色村寨管理体制的创新和基层民主发展等方面，政府也起着其他任何主体所无法替代的作用。

三、少数民族特色村寨保护与发展中的社会组织

（一）社会组织的发展及其社会作用

社会组织在我国主要包括社会团体、民办非企业单位和基金会三种类型，其显著特点是非营利性、非官方性、非政党性和非宗教性。在国际上，社会组织有“市民社会”“公民社会”“民间社会”“中介组织”“非营利组织”“第三部门”“民间组织”等诸多称谓。[①]各国的学者和政治家使用不同的社会组织概念，主要取决于其所处的社会历史

① 张海军:《“社会组织”概念的提出及其重要意义》，载《社团管理研究》2012 年第 12 期。

文化、经济和政治背景。新中国成立以后，党和政府对我国社会组织的称谓经历了由“社会团体”“民间组织”“自治组织”“中介组织”最终统一到“社会组织”的历史过程。[①]

随着现代化进程的加速及改革开放的纵深化推进，中国社会开始加速转型，政府的职能也开始逐渐转变。中国社会发生的变化突出表现为“公民社会”的成长与日愈壮大，“公民社会”成长壮大的最明显表征就是越来越多的社会组织在中国大地涌现。有学者在对我国境内的社会组织进行研究和统计后得出的结论：“目前我国境内的各类社会组织以每年10%左右的速度在发展。”[②]

当下中国，各类社会组织在经济、政治、文化、社会、教育、科技、环境保护等各个领域发挥着积极的作用。

当下中国社会组织的作用主要体现在三个方面：

第一个方面是在市场经济中的作用。当下中国一些行业性、商业性社会组织为本行业的健康发展制定行业规程、梳理行业惯例，它们经常通过召开研讨会、座谈会等形式，探究行业健康发展的路径、措施。同时行业性、商业性的社会组织还对本行业的许多纠纷案件进行居中调解，解决了不少行业领域内的特定纷争，保障了行业发展的规范有序，对社会主义市场经济的健康发展发挥了重要作用。

第二个方面是在社会主义民主发展方面的作用。当下中国一些社会组织在经济、政治、文化、社会以及生态文明建设等各个领域增强社会自治功能，通过组织化的载体发挥人民的积极性、主动性，激发人民的主体作用，培养积聚民主因子，加快各方面民主建设的步伐。

第三个方面是在社会公共服务方面的作用。当下中国一些社会组织在政府的指导下可以承担一部分公共服务功能，成为政府的帮手、助

① 张海军：《“社会组织”概念的提出及其重要意义》，载《社团管理研究》2012年第12期。

② 陈伟斌等：《中国社会组织法立法专家建议稿和理由说明》，中国法制出版社2015年版，第3页。

手，共同服务于社会治理，既提升了中国社会治理的现代化水准，也利于促进社会公共利益的增长。

（二）西部民族地区乡村治理中的新型社会组织及其法治化引导

1. 西部民族地区乡村治理中的新型社会组织。二十一世纪以来，我国西部少数民族地区出现了一些乡村新型社会组织。比如：云南红河州乡村2005年以来，在各级党委和政府的大力支持下，应城乡统筹发展和社会主义新农村建设的需要，不少民族乡村农户基于一定利益诉求自愿组合起来，出现了多个新型农村合作经济组织、农民专业合作社、乡村综合服务社。[①]据统计显示，到2016年末，该州乡村出现的各类经济类社会组织有近2000个，加入的农户近15万户。另外，在青海、西藏、贵州、四川、广西等我国西部民族地区乡村也出现了一批农村专业合作经济组织。除经济类乡村新型社会组织外，近年来我国西部民族地区在乡村治理中还出现了不少服务于乡村公益管理类的新型社会组织，在乡村治安维护、社会矛盾化解等领域发挥着重要作用。广西罗城仫佬族自治县是我国西部民族地区乡村新型社会组织出现较早的地区，下面笔者以广西罗城仫佬族自治县乡村为例对该地出现的新型社会组织略作说明。据实地考察该地乡村治理中的新型社会组织主要有4类：

屯长制组织。屯实际上是自然村，是村民在长时间生活中，基于历史、亲缘、地理、风俗习惯、生活方式等因素影响而形成的自然村落，现行的行政村往往是由多个屯组成的。2004年3月，各屯村民自愿集合选举本屯的正副屯长各一名、屯长助理若干名，对正副屯长的要求是在本屯具有一定声望、工作能力较强、能够配合村委会工作、热

---

① 王肃元：《西北少数民族地区政府行为文明与公民权保障研究》，人民出版社2011年版，第307页。

心公共事务。具体到屯长制组织的职责是配合村委会工作，定期或者不定期到村委会开会，宣传枪支管理、社会治安管理等方面的法律政策，宣传新农合政策和规范性文件，提醒、带动、帮助村民按时完成作物耕种、施肥、收割等，帮助村委会落实低保，协助危旧房改工作，配合完成“清洁乡村”行动，等等。屯长制组织减轻了村委会的工作负担，对村委会执行力的强化大有作用，一定程度弥补了村民自治的不足。

党群理事会。党群理事会是在村党总支部的领导下，以自然屯为单元，由村党支部组织村民会议并经全体村民民主选举，推选产生的基层群众性自治组织。广西罗城仫佬族自治县乡村党群理事会组织最早成立于 2007 年 5 月，其主要负责本屯重要活动的组织管理、邻里之间的纠纷调解、乡村清洁等事务。理事会有理事长一名、副理事长两名、理事三至八名，理事会成员必须通过村民代表大会，对村民大会和村民代表会议负责，从政治素质高、办事公道、组织协调能力强、热心公益事业的村民中选举产生，每届任期 3 年，其中党员约占 1/3。其主要职能有教育、宣传、协助维护社会管理等。

老年人协会。老年人协会是以自然屯为单元，由本村老年人自愿加入组成。资料显示广西罗城仫佬族自治县老年人协会最早成立于 2007 年 10 月，该县的上南岸屯和上凤立屯率先成立了老年人协会，目前老年人协会已成为罗城仫佬族自治县最活跃的群众组织。老年人协会在乡村治理中利用老年人资源化解社会矛盾、维护老年人合法权益等，起到了重要作用。

妇女中心户。妇女中心户是以自然屯为单元，由本村妇女们自愿组成，在村委会的领导下，实现自我管理、自我教育、自我服务的妇女自治群众组织。妇女中心户都是由当地的致富能手、调解能手或文艺骨干，且热衷于公益事业，在群众中有威信的妇女担任。其主要职能有教育、宣传、调处纠纷、协助维护社会管理等。

除上述 4 类主要新型社会组织外，近年来，罗城仫佬族自治县有的村社组织了农会、协会等新型社会组织，有的村社组织了合作社、互助组等新型社会组织。另外，罗城仫佬族历史上的一些传统社会组织在新时期得以复活转型而成为新型乡村社会组织，在乡村治理中发挥出积极的社会功效，比如“冬”，冬组织本是仫佬族人民在本民族内部实行宗族自治的一种管理机制和非正式组织形式，是仫佬族宗法式家族结构最高层次的组织，新中国成立后，冬组织逐渐消隐继而退出历史舞台。二十一世纪以来，广西罗城仫佬族“冬”组织得以转型，一些较大的姓氏成立了本族的“冬”，对族内事务进行互帮互助、调解族内成员的纠纷、商议本族事务，以族或亲缘名义对外发声、表态，丰富了基层乡村民众社会化、组织化形式，创新了基层自治形式，较大程度提升了乡村民主的水准，促进了村民自治的发展。总体上说，广西罗城仫佬族自治县乡村新型社会组织都在一定地域，对特定范围的村民集体发挥着影响，服务于乡村自治和社会的安定和谐。

2. 西部民族地区乡村治理中新型社会组织的价值。主要表现为下述几点：

第一，增强自治能力、强化村民自治的重要平台。其一，村民自治的核心内容是民主选举、民主决策、民主管理和民主监督，而这几个方面民主权利的充分有效行使均要求个体村民具备必要的自治能力。自治能力是村民有一定的能力和条件且能够充分、有效地行使自己的民主权利，是将法定的、静态的民主权利实际享有和充分行使的保障和可能。自治能力受多个因素的影响和制约，比如自身的文化程度、经济水平、民主意识、法治水平等，毋庸置疑，自治能力的增强离不开必要的民主经验和体验，民主训练是提升自治能力的可行举措之一。新型社会组织的出现丰富了基层民主的形式，增加了村民民主训练的机会和场合，为村民自治能力的增强提供了多种舞台。其二，尽管村民可以参与村委会等村民组织的选举，但村民个体是分散的，特别是城镇化加速推进以来，村民尤其是乡村有知识、有能力的青年进城务工、定居，更大程度强化了村民的分散性，分散性使选举后的村民往往难以切实参与到村务的公共管理中来，往往无法监督村委会等村民自治组织所实施的村务管理或者服务活动。而乡村新型社会组织使得一部分乡村民众因某种原因而联合在一起，较好地克服了因为个体分散而力量微薄的缺陷，得以有较大的力量，发出更大更强的声音，行使民主权利。正如我国研究乡村自治的知名学者徐勇所谓："二十一世纪初开始出现的乡村新型社会组织使得民主权利行使不够、不力这一情形发生悄然变化，随着乡村各种新型社会组织的生长，不仅培育了村民在组织内的参与意识和自治能力，而且能够使村民得以借助自我组织参与村务的管理，影响村域公共权力的运作。"[①]西部民族地区新型社会组织的出现使村民的自治能力得到极大的锻炼和提升，日渐成为增强村民自治能力、强化村民自治的重要平台。

第二，维护权益、表达利益诉求、反映村情民意的重要载体。社会组织作为一种非政府、民间性、非营利性集体，其出现的原因之一就是依靠组织的力量最终维护组织成员的自身合法权益，表达自身利益诉求。[②]乡村新型社会组织也是如此，是村民用来维护自身的合法权益、表达自身利益诉求、反映村情民意的重要载体和渠道。随着改革开放的纵深化推进，乡村社会的分层以及利益分化逐渐明显，再加上乡村经济文化等的蓬勃发展，原来的乡村利益一体化被逐渐消解，乡村社会出现了利益分化，不同利益群体间的利益冲突大有愈演愈烈之势。为维护群体的利益，最终维护自身利益，在乡村，具有相同或相近利益诉求的村民自觉或者不自觉地慢慢聚合，他们基于一定的需求组织或者联合在一起，因而，在我国不少乡村就形成了各种利益诉求的新型社会组织。孤立分散的农民个体聚合在一起甚至形成民间组织，无疑可以增强利益表达时的底气与力量，同时这种组织形式的表达方式实际上也极大地扩大了利益表达的社会影响与反响。总之，这样组

① 徐勇:《村民自治的成长：行政放权与社会发育——1990年代后期以来中国村民自治发展进程的反思》，载《华中师范大学学报》（人文社会科学版）2005年第2期。

② 赵伯艳:《社会组织在公共冲突治理中的作用研究》，人民出版社2012年版，第27页。

织起来的村民在攸关自身利益的村务决策和村务执行活动中，可以与其他利益群体展开更有效、更有影响力的商谈，更好地维护自身合法权益，从而促进我国的基层民主，提升我国社会治理的水平和能力现代化水准。

第三，促进社会、经济、文化发展，维护利益的重要渠道。乡村新型社会组织尤其是农村合作社、农民互助类组织对于提升农业组织化、集约化水平起到重要作用，直接促进了我国农村经济、文化、社会的发展，乡村新型社会组织的出现与职能形式为农村社会管理创新注入了新的活力和生机。对于农村和农业经济而言，乡村新型社会组织可以较好地帮助村民提高抗市场风险的能力、更好地帮助解决乡村经济发展过程中可能遇到的技术、金融等一家一户难以解决的问题。即使是经济职能不明显的乡村新型社会组织也凭借着调解纠纷、和谐乡村、担负特定公共职能而成为促进农村社会、经济、文化发展，维护村民经济利益的重要渠道。笔者在罗城仫佬族自治县乡村的调研过程中发现，近年来出现的乡村新型社会组织可以把分散的家庭经营与国家甚至国际大市场联系起来，帮助村民更有效、更及时地获取更多、更权威的市场经济信息。另外，乡村新型社会组织有利于在乡村推广先进的科学技术，有利于推进我国乡村的教育、文化和卫生事业的发展，提高村民的社会福利水准。

第四，维护稳定，化解矛盾的重要主体。毫无疑问，转型期也是社会矛盾的突发、高发、频发时期。目前看来我国乡村所面临的社会问题尤为复杂，社会冲突时有发生。如何迅速、有效地化解乡村社会矛盾、解决乡村社会生活中出现的纠纷，成为社会治理的当务之急。毋庸置疑，司法机关、行政机关等国家公权力机关部门在社会纠纷的解决中发挥着重要作用，是法治社会纠纷解决的主渠道，但是所有的纠纷一概通过公权力解决是不现实的。有的社会纠纷的解决离不开社会力量，需要发挥社会组织解决纠纷的优势和便宜。在少数民族地区由于历史和民族原因，各民族形成了自己的一些特有文化，包括纠纷解决的智慧、经验，正如有学者所言："少数民族习惯法对少数民族地区社会的治理做出了重要贡献，其长期以来将维护集体利益，稳定社会秩序作为己任，充分发挥了教育、裁判以及调整等方面的作用。"[①] 西部民族地区乡村新型社会组织，不仅利用本民族、本地区的风俗、习惯、村规民约等对组织成员内部间的纠纷进行化解，而且借助组织的力量，使用地方知识、经验法则解决与其他社会组织、政府机关以及个体公民间的矛盾，成为定纷止争的重要主体，较好地弥补了公权力机关部门纠纷解决能力的不足和不便，对民族地区的和谐稳定发挥着重要作用。

3. 西部民族地区乡村治理中新型社会组织发展的困境。主要有以下几点困境：第一，合法性困境。在法治社会全面推进的当今时代，原则上说组织类主体的存在及运行应该获得法律认可，具体而言，组织类社会主体应该在现行立法上明确其法律地位、法律身份，应该设定某类社会组织成立的法定条件、规定该类社会组织发起设立、注册登记的程序。只有按照法定条件、履行法定成立程序，依法成立的社会组织，其存在及运行才具有合法性和正当性。西方法治先行国家对本国社会组织的成立早有统一的社会组织法进行规范，不仅规范了社会组织成立的条件、设立的程序，而且对社会组织具有重大社会影响的活动、社会组织法的内部治理机构等均进行一定规范，通过立法确保社会组织健康有序发展，确保社会组织的存在和运行符合该社会组织设置的宗旨。我国目前尚没有社会组织法统一法，现行的《社会团体登记管理条例》《民办非企业单位登记管理暂行条例》《基金会管理条例》等法规对社会组织的成立条件的规定与我国乡村实际有差距，因而造成部分乡村新型社会组织不履行或者无法履行注册登记手续而实际存在并运行，继而导致政府相关部门无法为该类社会组织提供扶

① 薛梦寒:《少数民族刑事习惯法与刑法的冲突与化解》，载《贵州民族研究》2017 年第 1 期。

持、培育和基本监管。这一方面造成该类社会组织无法发展壮大，另一方面源于监管的缺失，也可能助长个别别有用心的社会组织工作人员利用社会组织从事违纪、违法乃至犯罪活动，从而对乡村善治造成严重伤害、构成严重威胁。

第二，正当性困境。乡村社会组织不是国家机关、企事业单位和其他社会组织，乡村新型社会组织产生的主要原因是一定范围、一定类型的村民联合起来进行互助互帮、克服个体力量的不足、弥补公共服务供给的不足。正如上文列举的广西罗城仫佬族自治县乡村屯长制组织、党群理事会、老年人协会、妇女中心户等新型社会组织产生的原因、存在的根据都是如此。将一定范围、一定类型的村民联系起来，互帮互助，依靠集体的力量解决乡村治理中遇到的新问题既是乡村新型社会组织产生的原因也是其存在和运行的正当性根据和伦理基础。如果组织松散、联系不紧、成员自行其是，甚至某一乡村组织异化为某个、某几个人谋取私利的工具，那么，该组织的存在和运行就是不正当的。目前看来，我国西部民族地区新型社会组织在组织形式上仍然存在较大的松散性，反映组织特性、实现组织功能的机制尚没能完全形成。原则上说，任何一个社会性组织，都应该有一套集体表决机制、程序和办法，组织的决策和行动能够真正体现组织成员的共同意志，满足组织成员大多数人的最大利益，反映组织成员大多数人的根本利益诉求。但目前看来，我国西部民族地区新型社会组织的行为不同程度上受组织领导少数人支配，并没有将每一个参加者真正纳入到组织体制之中，每一个参加者并未对组织的决策和组织的行动产生实质影响。新型社会组织的社会性不明显，必将使该新型社会组织的社会功能慢慢消耗殆尽，其存在及发展的正当性必将受到严峻挑战。

第三，高成本困境。绝大多数西部民族地区新型社会组织是在党的号召和政府的支持下成立起来的，为此耗费了不少公共资源，但是，成立的高成本却并没有得到多产出的回报。具体表现在三个方面：第一，乡村新型社会组织的功能发挥受阻，功能不健全。以广西罗城仫佬族自治县乡村新型社会组织实际发挥的功能看，每类社会组织的功能都比较单一，有不少社会组织的功能重叠，存在着同一乡村不同组织活动竞争现象，有时会造成乡村人际关系紧张、和谐受到一定影响。第二，从发挥的功能看，目前乡村新型社会组织在促进农村经济发展、提供社会公共服务、引领和推动乡村社会创新等方面发挥了重要作用，但在监督基层公权力、促进基层政府依法行政、参与公共决策、制约政府权力、促进政治民主化等方面发挥的作用却很小。[①]第三，耗费时日、投入成本成立起来的西部民族地区新型社会性组织极容易解体。笔者在对罗城仫佬族自治县新型社会组织的实地调研中发现，最短命的新型社会组织仅存在3天，但为了成立该组织提前的沟通交流、开会协商、草拟章程、推举负责人员、召开成立大会等却耗费了数月有余。西部民族地区是我国经济发展较落后的地区，公共财政积累相对不足，新型社会组织设立和运行的高成本支出，对基层政府而言无疑是一种不小的负担。

第四，独立性困境。毫无疑问，乡村新型社会组织应该具有社会组织的独立性，成为基层政府联系乡村民众的纽带和桥梁。另外，社会组织不独立也无法起到对政府的监督制约和对行政法治的促进作用。当然，基于中国乡村经济发展的实际，特别是中国西部少数民族地区的边远山村乡村经济较为落后，乡村新型社会组织的发起成立乃至其后的运行离不开政府必要的资金支持、政策扶植，但乡村新型社会组织绝不可因此而成为政府的传声筒。目前看来，我国乡村不少社会组织在独立性方面还有待增强。上文我们对广西罗城仫佬族自治县的乡村新型社会组织进行了简单介绍，从这些新型社会组织的功能方面，我们可以看出它们的独立性尚待强化。乡村新型社会组织的独立性困境也一定程度造成其生命力不强困境。

① 康晓光、冯利:《中国第三部门考察报告（2013）》，社科文献出版社2014年版，第23页。

4. 西部民族地区乡村治理中新型社会组织的法治化引导。其主要举措有：第一，科学立法，为新型社会组织的存在及运行提供正当性。在法治理念深入人心的当今，法律是任何社会主体存在及运行合法性的唯一根据。乡村村民开展结社活动，进而成立社会组织也不能没有相应的法律依据，所以，首先必须在法律制度上确立乡村社会组织成立方面的法律规范，制定切合中国国情的乡村社会组织法。现行《宪法》虽明文规定公民有结社自由，但源于《宪法》规范的高度概括性、抽象性，因此对公民结社自由需要法律具体化。笔者认为，既然乡村新型社会组织社会效果十分明显，很大程度上弥补了村民自治组织的不足，促进了乡村治理的良性发展，那么就应当建立乡村社会组织制度。针对乡村社会实际情况和乡村社会治理需要制定科学理性的乡村社会组织法，用乡村社会组织法规范乡村社会组织的设立，明确新型乡村社会组织的基本权利和基本义务，使其成为社会关系的主体之一，乡村新型社会组织有了正式的“名分”才可以正当、合法存在，也才可以规范化发展，进而做大做强，充分发挥其社会功效。

第二，规范执法，确保新型社会组织具有独立性。具有独立性，其职责范围内的活动由自己全权决定，而不受制于其他任何社会组织和公民个人，是社会主体现代化发展的基本要求。如果一个社会组织的活动开展、任务安排自己无法决定，受制于其他主体，很难想象该组织可以现代化发展。总之，新型社会组织的独立性是其存在、运行并发展壮大的基本条件和保障。

第三，公正司法，保障新型社会组织的合法权益。现行司法制度应该为村民结社自由的真正实现提供切实保障，针对侵害社团及其成员权益的行为，现行法治必须提供一套公正的司法救济和权利保障机制。

其一，在新型社会组织成立登记环节，只要是具备法定的条件，村民按照法定的步骤、程序，到法定的国家机关申请成立新型社会组织，法定的登记注册部门必须依法给予审查，必须在法定的时间内明确给予答复。如果登记注册机关认为村民的申请不具备条件或者不合乎其他成立条件要求应该明确告知。对登记注册机关及其工作人员不受理、不批准或者不在法定的时限内审查社会组织成立申请的，申请人或者法律利害关系人可以依法提出行政复议，行政复议以后，如果申请人或者法律利害关系人仍然不服，可以依法向人民法院提出诉讼救济，也可以不经过行政复议而直接向人民法院提起行政诉讼，由人民法院依法裁判，维护村民依法成立新型社会组织的权利。

其二，政府及其相关职能部门有权对社会组织依法进行一定的监督、引导，对违反法律规定的社会组织可以依法实施行政强制措施或者进行行政处罚。但是，政府及其相关职能部门的行政行为必须做到合法与适当，如果新型社会组织认为行政机关的行政行为违反现行法律、法规、规章的规定，侵犯了自身的自治权和其他合法权益时，法律理应为其确立救济渠道，赋予其寻求行政救济的权利。根据行政法基本原理，对政府及其相关职能部门的监管、行政处罚、行政强制措施等行政行为不服，认为这些行为侵害社会组织合法权益时，社会组织可以依法申请行政复议，不服行政复议的，可以依法向人民法院提起行政诉讼，当然也可以不经过行政复议而直接向人民法院提起行政诉讼。

其三，保障新型社会组织作为普通民事主体的合法权益。社会组织的主体角色具有多重性：其一，社会组织可以基于其组织章程对组织成员和组织事务进行管理与服务，此时的社会组织在法律身份上应该认定为“行政主体”角色；其二，在目前市场经济条件下新型社会组织应该有权从事一般的经济活动，进行一定的经济交往，此时的社会组织在法律身份上应该认定为“民事主体”角色；其三，政府及其相关职能部门对社会组织进行监督、管理，对其违法违规行为依法进行行政处罚，实施行政强制措施，此时的社会组织在法律身份上应该认定为“行政相对人”角色。作为民事法律关系主体的新型社会组织在经济活动、经济交往过程中难免会与其他市场经济主体发生民事纠纷，此时，新型社会组织的民事权益的依法维护是必要和重要的，笔者认为在司法实践中应该承认并保障依法成立的新型社会组织具有完全的诉讼权利能力和行为能力，其可以依法诉请法院或者经由其他纠纷处理机制，维护自身的民事权益。

其四，新型社会组织为了公共利益和组织成员的利益可以作为代表提起诉讼，具有诉讼主体的资格。笔者认为，现行民事诉讼法和行政诉讼法都明确了公益性社会组织提起民事公益诉讼和行政公益诉讼的资格，新型社会组织是公益性社会组织，当然具有提起民事公益诉讼和行政公益诉讼的资格，有学者认为："在保护生态环境方面，乡村新型社会组织可以代表组织成员提起民事或者行政公益诉讼。"[①] 笔者认为，应该进一步扩大新型社会组织的诉讼主体资格，只要是基于公共利益，为了维护公共利益都可以赋予新型社会组织原告资格。另外，当新型社会组织的成员利益受到侵害时，新型社会组织可以代组织成员聘请律师，也可以作为"辅佐人"出庭支持诉讼。笔者认为只有赋予新型社会组织较宽泛的活动空间，才可以在活动中历练新型社会组织，从而更大程度地激发其社会功效。

（三）社会组织在少数民族特色村寨保护与发展中的作用

《非物质文化遗产保护公约》第 15 条明确在开展保护非物质文化遗产活动时群体、团体和个人的最大限度参与原则。正如文上所述，少数民族特色村寨保护与发展等民族文化遗产的保护与发展具有明显的公共利益属性，因而，在民族文化保护与发展中具有公共利益代表的机关团体当然应该发挥积极、有效的作用。一般而言政府等国家公权力机关是公共利益的天然代表，因此，在少数民族特色村寨保护与发展和其他民族文化遗产保护、传承与创新中，政府担负着更大的职责，应该履行更多的义务，积极作为，尽心尽力将少数民族特色村寨等民族文化遗产保护、利用好，发挥其主导作用。但是保护与发展民

---

① 王圣诵：《中国自治法研究》，中国法制出版社 2003 年版，第 42 页。

族文化，仅仅依靠政府之力并不足以达到最好的效果，因此政府以外的其他群体组织和个人的理解、合作、支持、配合、参与、协助、援助等都是必要的。社会组织的发达是社会发展的必然趋势，近年来，我国的社会化进程加快，各种类型的社会组织逐渐涌现，在社会领域发挥了积极的作用，帮助政府分担了不少公共管理事务。政府近年来也大力加强对社会组织的发展、引导和管理，有意识地将一些社会管理事务分出去让社会组织从事，取得了明显的社会效果，实现了国家和社会的双赢发展和良性互动。少数民族特色村寨的保护与发展作为一个公益性的社会事务，相关的社会组织在其中大有用武之地，我国相关立法已经明文规定了相关的社会组织在民族文化保护与发展中的社会责任和义务。2011 年颁布的《非物质文化遗产法》主要规范了学校、新闻媒体、公共文化机构和学术研究机构以及公民的非营利性相关活动。按照我国《非物质文化遗产法》的规定，学校应当按照国务院教育主管部门的规定开展相关的非物质文化遗产教育，比如在学校的相关课程中讲授、传播非物质文化遗产保护的重要性和基本的常识、知识。开展非物质文化遗产代表性项目的宣传是新闻媒体的法定责任，根据法律规定，在我国，新闻媒体应该普及非物质文化遗产知识。作为非物质文化遗产学术研究机构、保护机构和图书馆、文化馆、博物馆、科技馆等公共文化机构，以及利用财政性资金组建的文艺表演团体、演出场所经营单位等，根据现行法律的规定，其在这方面的义务和责任是根据各自业务范围开展非物质文化遗产的整理、研究、学术交流，同时负有对非物质文化遗产代表性项目进行宣传和展示的义务和责任，通过这些活动，提升人们保护与发展文化遗产的意识。

除图书馆、文化馆、博物馆以外，其他的公共文化机构和非物质文化遗产学术研究保护机构还应包括从事文化研究和文化保护的一些民间组织。大体可分为两类，“一类是研究协会，如各类文化研究协会、历史研究协会、经济研究协会、艺术研究协会、民俗研究协会、戏曲研究协会、旅游研究协会、文艺研究协会，等等；一类是行业协会，如餐饮协会、工艺协会、戏曲协会，等等”。[①] 这些民间组织在保护非物质文化遗产中具有不可替代的作用。“非物质文化遗产的相关学会组织应积极投入到确认、立档、研究、保存的工作中去，努力为那些面对迅猛变化的、最脆弱的本土民间与社群，寻找出保存其语言、风俗、习惯、艺术和工艺的方法，也可以在省、市、县三级建立专为非物质文化遗产保护服务的公共学术服务体系，主要开展情报分析服务、情报调查服务。”[②]

我国少数民族特色村寨保护与发展的实践也已经证明了社会组织在其中的不可替代的作用。比如，早在1984年湖北民族学院就成立了民族问题的专门研究机构——民族研究所，经过多年建设、积累，2013年更名为“南方少数民族研究中心”，并成为湖北省高校人文社会科学重点研究基地，该基地始终保持和加强了在一州（恩施州）、一区（武陵山区）、一族（土家族）研究领域的优势。在收集少数民族历史文化、少数民族社会发展、少数民族语言文化、少数民族艺术文化以及少数民族传统体育研究中取得了一系列具有重大影响的成果，推动了民族问题的综合研究。特别是，在国家开始少数民族特色村寨保护与发展工程后，该研究基地的专家帮助该地的特色土家族村寨开展保护与发展工作，使得该地的土家族特色村寨焕发了生机活力。他们加强少数民族特色村寨保护与发展的宣传教育，积极为政府的村寨保护活动献计献策，做好政府的参谋和助手，以自己的实际行动赢得了当地民众的爱戴，同时该研究基地土家族研究成果突出，已成为国内土家族研究的前沿阵地，发表关于土家族文化研究的学术论文300余篇，撰写关于土家族研究的系列丛书十余部，这些成果本身就是少数民族特色文化的一种具体表现。

---

① 谭宏：《民间组织在非物质文化遗产保护中的作用》，载《民族艺术研究》2010年第5期。

② 许向红：《中国非物质文化的非常态研究》，百家出版社2008年版，第183页。

四、少数民族特色村寨保护与发展中的其他主体

少数民族特色村寨保护与发展是一项系统工程，牵涉到社会的方方面面，需要整个社会齐心合力才可能取得这一复杂、系统、艰巨活动的成功。因此，在少数民族特色村寨保护与发展法律关系中，享有一定权利承担一定义务的主体除了政府和公益性的社会组织外，还有很多主体，其中少数民族特色村寨所在地基层群众自治组织、少数民族特色村寨所在地民众（村民）、参与到少数民族特色村寨保护与发展中的营利性社会组织（开发企业），以及投资开发少数民族特色村寨利用中的个人，都是少数民族特色村寨保护与发展活动中不可缺少的主体。下面笔者对他们的作用进行简单分析。

（一）少数民族特色村寨保护与发展中的基层群众自治组织及其作用

从二十世纪八十年代开始，为适应我国基层社会发展的需要，推动乡村善治，解决我国基层社会治理中的现实问题，我国在国家层面，通过立法确定了基层群众自治，这是我国民主发展史上重要的举措，是我国农村改革发展过程中的一项伟大创造。实践证明，我国践行的村民自治制度极大地调动了广大中国农民的积极性、主动性和创造性，调动了农民参与政治活动的热情，同时，通过民主选举、民主管理、民主监督等具体环节，提高了广大农民的参政、议政能力。这一水平和能力的提升又倒逼国家治理体系和治理能力向着现代化方向发展，很长一段时间形成了中国民主快速发展的良性化发展态势。基层民主的发展，农民积极性、主动性、能动性的发挥等无不对中国农村的经济、文化和社会发展起到促进作用。

由于历史和现实原因，基于地理环境、交通条件等的限制，我国少数民族地区的民主发展水平相对非少数民族聚居区较为落后，在经济、文化和社会化发展的程度方面也存在着一定差距。因此，这一全国范

围的基层群众自治制度对少数民族偏远地区的激励作用更为明显。根据《村委会组织法》和我国选举法的有关规定，我国的乡村民主以民主选举、民主决策、民主管理、民主监督为具体的内容，以村民会议（村民大会）、村民代表会议、村民小组会议、村委会等组织形式为具体的载体和依托，具体展开对乡村社会的治理，实行自治，配合国家和政府完成社会治理和基层民主发展的长远任务。村民会议（村民大会）、村民代表会议、村民小组会议、村委会不仅仅具有社会方面的功能，同时均具有经济发展、文化发展等方面的职能。针对少数民族特色村寨的保护与发展而言，这些基层群众自治组织均有用武之地。为更好更直观地展示村民会议（村民大会）、村民代表会议、村民小组会议、村委会等对少数民族特色村寨保护与发展的作用，下面笔者对这几个群众自治组织作以简单描述：

村民大会（村民会议）。其是由一个行政村的村民集体组成的组织，是村民行使自治权利的根本途径和形式，村里的事关村民的重大事项原则上应该通过村民大会（村民会议）这一组织来具体表决。《村民委员会组织法》对村民大会（村民会议）的组成、职权及议事制度等问题作了法律规定。民主可以根据一定标准进行界分，其中直接民主和间接民主是重要的分类，毫无疑问，作为全村村民参加的组织，村民大会（村民会议）属于直接民主的范畴。

村民代表会议。毫无疑问，村民代表会议是由村民选举产生的部分代表组成的一种组织形式，其虽是一种间接民主的组织形式，但是相对于村民大会（村民会议）更为高效、更为便捷。客观说，事事均召集村民大会（村民会议）是没有必要的也是不现实的。正如有学者所言："在特定情况下，为了保证广大村民当家作主，及时反映村民的利益和要求，村民委员会可以召集村民代表开会，讨论决定村民会议授权的事项。"[①] 其实，村民代表会议也是在村民自治的实践中，应我国农

① 孔江水：《保障村民依法行使权力》，载《新农村商报》2013 年 6 月 5 日第 7 版。

村现实情况由我国农民最先创造出来的一种基层民主组织形式，我国的《村民委员会组织法》只是将这一行之有效的基层群众自治组织形式上升为法律。根据《村民委员会组织法》的规定，在村民代表会议上，各位被村民选举产生的村民代表可以对村务提出自己的见解，可以充分、完全地表达自己的意愿，具有对本村的村民委员会工作进行询问、质询和监督的权利，可以自主行使自己的表决权利。根据《村民委员会组织法》的规定，村民代表会议作出的决策，村民委员会应该执行。《村民委员会组织法》第25条规定："人数较多或者居住分散的村，可以设立村民代表会议，讨论决定村民会议授权的事项。村民代表会议由村民委员会成员和村民代表组成，村民代表应当占村民代表会议组成人员的五分之四以上，妇女村民代表应当占村民代表会议组成人员的三分之一以上。村民代表由村民按每五户至十五户推选一人，或者由各村民小组推选若干人。村民代表的任期与村民委员会的任期相同。村民代表可以连选连任。村民代表应当向其推选户或者村民小组负责，接受村民监督。"第26条规定："村民代表会议由村民委员会召集。村民代表会议每季度召开一次。有五分之一以上的村民代表提议，应当召集村民代表会议。村民代表会议有三分之二以上的组成人员参加方可召开，所作决定应当经到会人员的过半数同意。"

村民小组会议。村民小组是村以下更小的单元。因此，作为自治一个层次的村民小组是村民自治共同体内部的一种组织形式。正如有学者所言："村民自治基本是以法定村为区域范围的，由法定村民对村庄的公共事务和公益事业进行自治；而就村民小组事务的自治而言，则是以村民小组为区域范围的法定村民对小组的公共事务和公益事业进行自治。村民小组作为全体村民的一种组织，负责经营、管理属于村民小组的集体土地和其他财产。"[①] 划分村民小组，是应我国农村的实

① 谭宏：《民间组织在非物质文化遗产保护中的作用》，载《民族艺术研究》2010年第5期。

际情况的现实做法，由于一些农村管辖范围较大，村民人数较多，有的村民居住分散，因此，为更好地开展生产，更便捷地进行自我管理、自我教育，实现村民自治，有的村就基于历史、地理、人文等因素，按照有利生产和方便生活的原则，根据居住地区将行政村划分为若干个大小不一、人口不等的村民小组。村民小组可以分别由几户、十几户或几十户组成。由于村民小组按居住地区相对集中等标准来划分，相对来说一个村民小组的人口较少同时相互之间居住得也比较集中，大家相互之间比较熟悉，有了需要处理的问题可以较快地召开村民小组会议，方便问题及时、有效地讨论和解决。村民小组这一组织形式适应中国农村的现实情况，一定程度弥补了村民大会（村民会议）和村民代表会议组织形式的不足，使其与村民大会（村民会议）和村民代表会议组织形式相得益彰，更方便村民自我管理、自我教育，直接行使自治权。

村民委员会。现行《宪法》第 111 条规定："城市和农村按居民居住地区设立的居民委员会或村民委员会是基层群众性自治组织。"《村民委员会组织法》第 2 条规定："村民委员会是村民自我管理、自我教育、自我服务的基层群众性自治组织，实行民主选举、民主决策、民主管理、民主监督。"可见《宪法》和《村民委员会组织法》把村民委员会明确地界定为基层群众性自治组织。基层群众性自治组织是村民委员会区别其他社会组织的特性所在，具体说来其性质可以从以下三个方面理解：一是基层性；二是群众性；三是自治性。[①]一般说来，村民会议或村民代表会议是村民自治的权力机关，享有最高的自治决定权。村民委员会根据村民会议的决定，进行有效的自治管理，是村民自治的执行机关，负责具体自治事务的管理。

村民自治制度践行至今已经 30 余年，30 余年村民自治的实施使我

---

① 刘同君：《新型城镇化进程中农村社会治理的法治转型——以农民权利为视角》，载《法学》2013 年第 9 期。

国的政治、经济、文化及社会生活等取得了可喜的变化，尤其是在少数民族地区。目前我国民族村落都普遍建立了村民自治组织，同时绝大多数少数民族村落建立健全了各项村级规章制度，促进基层民主政治发展、满足少数民族村民当家作主愿望的规章制度在村民自治的实践中也大多能够基本实施，同时少数民族地区的农村民主治理的水准在村民自治的实践中得到极大提升，少数民族地区村民的民主技能得到大幅度提升，少数民族地区乡村变得更加和谐。

基层群众自治组织可以说贯穿于少数民族特色村寨保护与发展的始终，不论是哪个环节都离不开少数民族特色村寨所在地群众自治组织的配合。少数民族特色村寨所在地的群众自治性组织本身就是群众自己的组织，发挥了他们的作用才可以使得少数民族特色村寨的保护与发展工作真正发动起来，深入人心，少数民族特色村寨是村民的村寨，只有调动了村民的积极性、主动性和创造性，让他们切身得到实惠，看到和享受到少数民族特色村寨保护与发展的成果，少数民族特色村寨的保护与发展才可以真正奏效。关于少数民族特色村寨所在地基层群众自治组织的作用，我国各地少数民族特色村寨保护与发展立法中也进行了明确。比如，《三江侗族自治县少数民族特色村寨保护与发展条例》第6条明确规定："列入自治县保护名录的少数民族特色村寨，少数民族人口比例应当不低于30%、总户数不低于30户、特色民居不低于村寨民居50%，并同时具备下列条件之一：（一）具有特色生态自然景观和民族特色产业的；（二）主体建筑群具有少数民族特色，布局协调，风格典型的；（三）民族传统习俗保存完整的；（四）民族民间传统艺术或者工艺留存完好，至今仍在应用，独具特色的；（五）保存有与民族传统文化或者重大历史事件、历史名人相关的文物古迹的。具备前款所述条件的村寨，经村民会议或者村民代表会议讨论同意后，由村民委员会向乡（镇）人民政府提出申请，乡（镇）人民政府初审后上报自治县人民政府，由自治县人民政府组织有关专家进行综合评估后，决定是否将该村寨列入自治县少数民族特色村寨保护名录。村民委员会向乡（镇）人民政府提出申请时，应当提交村寨基本情况的说明。”再比如，《融水苗族自治县少数民族特色村寨保护与发展暂行办法》第2条明确规定：“少数民族特色村寨保护与发展，应当坚持立足发展、保护利用，因地制宜、突出特色，科学规划、统筹兼顾，政府主导、社会参与，群众主体、村民自治的原则。”第4条明确规定：“列入名录的少数民族特色村寨，少数民族人口比例应当不低于30%，总户数不低于50户，具有民族元素的特色民居一般不低于村寨民居50%，并同时具备下列条件之一：（一）具有特色生态自然景观和民族特色产业的；（二）主体建筑群具有民族特色，布局协调，风格典型的；（三）民族传统习俗保存较完整的，民族风情较浓郁，民族文化有较高保护价值的；（四）民族民间传统艺术或者工艺留存完好，至今仍在应用，独具特色的；（五）保存有与民族传统文化或者重大历史事件、历史名人相关的文物古迹的；（六）具有较好的区位优势和一定的工作基础，村民自觉性和积极性较高，村风民风好。具备前款所述条件的村寨，经村民会议或者村民代表会议讨论同意后，由村民委员会向乡（镇）人民政府提出申请，乡（镇）人民政府初审后上报自治县人民政府，由自治县人民政府组织有关专家进行综合评估后，决定是否将该村寨列入自治县少数民族特色村寨名录。村民委员会向乡（镇）人民政府提出申请时，应当提交村寨基本情况的说明。”这样的规定一方面有利于发挥少数民族特色村寨所在地基层群众自治性组织的积极性、主动性，另一方面，也是对少数民族特色村寨所在地基层群众自治组织在少数民族特色村寨保护与发展中的现实作用的立法认可和经验总结。

（二）少数民族特色村寨保护与发展中的村寨农户

毫无疑问，世代生活在少数民族特色村寨的农户是少数民族特色文化与少数民族特色村寨生活的传承者。近年来，各地政府保护与发展少数民族特色村寨的一个重要举措是根据少数民族特色村寨的历史、民族风情和民族文化，开发少数民族特色村寨旅游业。实践证明，少数民族特色村寨旅游业的发展一方面使得少数民族特色村寨的农户从中受益，加速其生活的现代化，同时也吸引了外来资金投入少数民族特色村寨的开发、利用中来，对少数民族特色村寨的保护与发展是大有裨益的。客观说，少数民族特色村寨旅游业发展很大程度上离不开少数民族特色村寨村民的积极参与，因为世代生活在少数民族特色村寨的村民本身就是民族村寨旅游的主要吸引者，是少数民族特色村寨旅游发展的重要依托者。以三江侗族特色村寨为例，当地旅游业的一个非常吸引游客的民族特色项目是侗族的百家宴。侗族百家宴作为侗族人待客的最高礼仪，一般在重大节日时举行，家家户户都会搬出桌子板凳，从村寨的四面八方送来各家的拿手好菜，肩挑送到村寨的广场上。在寨子的广场上，百家宴像接龙似的排上数条、数百米。酒过三巡，身着盛装的侗族阿妹端着自酿的米酒开始向每位游客敬酒唱歌。显然，三江侗族的百家宴需要该地的侗族村民参加表演才可以，没有他们的参与根本没法进行。

近年来，由于少数民族特色村寨旅游市场开发方一般不会过多关注经济发展中的弱势群体，尤其在经济发展相对落后的少数民族农村地区，村寨的村民有被边缘化的情形，同时，在有的少数民族特色村寨出现村民与旅游开发方发生冲突的情形，村民认为旅游开发公司在掠夺当地的资源，使当地人生活变得糟糕、恶化。笔者在一个少数民族特色村寨采访时，有村民反映，引进了外来企业开发当地旅游，当地人的收入增加极为有限，相反，由于外来游客的增加，当地的生活成本大大增加，生活变得更难了。有了这一不尽人意情况的出现，有的村民就反过来迁怒于当地的传统原始、落后，而可能出现破坏当地特色村寨的情形，少数民族特色村寨的保护与发展显然不可能搞好。笔者认为，这需要政府协调好各方的利益冲突，做到让少数民族特色村寨村民的生活水准切实因为少数民族特色村寨的保护与发展得到提高，只有这样，才可以增强村民参与少数民族村寨旅游开发的原动力。

（三）少数民族特色村寨保护与发展中的开发企业和个人

企业等营利性主体成为少数民族特色村寨保护与发展的主体之一而享有一定权利和承担一定义务主要是在少数民族特色村寨的利用、开发中，目前主要是在少数民族特色旅游和特色产业、特色行业的开发中。少数民族特色村寨的保护与发展不可以是消极的、静态的保守性保护，这样的保护与时代的进步发展不吻合，不利于少数民族特色文化的时代发展与创新。少数民族特色文化并不意味着因循守旧、古老破败，相反只有跟着时代传承、创新，才有生机和活力。目前我国少数民族特色村寨所在地政府和村民已经意识到保护发展和开发利用的重要性，积极引进实力强、资金雄厚、技术过硬的企业、单位来开发少数民族特色村寨的特色旅游业、特色文化产业和特色行业等，取得了保护与发展的同步。

就文化遗产的广义“保护”而言，适当的商业开发和利用也属于“保护”的题中之意。没有开发利用，就难以弘扬，传承的效果和影响力必然受到局限。《非物质文化遗产法》第37条明文规定：“国家鼓励和支持发挥非物质文化遗产资源的特殊优势，在有效保护的基础上，合理利用非物质文化遗产代表性项目，开发具有地方、民族特色和市场潜力的文化产品和文化服务。”同时，我们必须清醒地认识到，市场经济条件下，营利性主体的自发利益驱动必然会使其进入对少数民族文化遗产开发和利用产生的物质利益的追逐，这种市场的趋利性如不加以规制必然导致对少数民族文化遗产的毁灭性破坏。由于此类主体的介入，就要求对其加以立法引导和规范，为介入少数民族特色村寨开发中的企业和单位以及个人规定法定的义务。

第六章 少数民族特色村寨保护与发展法律责任

法律作为一种强制性规范，通过对法律关系主体的权利（权力）和义务的设定实现其对社会关系法律调整的目的。法律中关于权利（权力）和义务的规定都需要相应主体的行为去实现，亦即相应的主体依照法律规定正确地行使权利（权力）、完全地履行义务，只有这样法律才得以实现。显然，违法行使权利（权力）或者不履行义务、不正确或者不完全履行义务的现象是客观存在的，因此，科学、理性的法律责任设定既是法律得以实施和实现的保障，也是法律调整机制逻辑周延的必须。本部分将对少数民族特色村寨保护与发展法律责任的设置进行理论展开，为我国少数民族特色村寨保护与发展立法在法律责任设定问题上提供立法借鉴。

一、少数民族特色村寨保护与发展法律责任

1. 少数民族特色村寨保护与发展中法律责任的界定。

少数民族特色村寨保护与发展中法律责任的界定是对其认定以及未来责任追究和承担的逻辑前提，因此对其内涵有进行明确的必要。目前学界关于民族文化遗产或者少数民族特色村寨或者非物质文化遗产法律责任的系统研究、专门研究成果有限，据笔者收集的相关资料显示，目前尚未有学者对少数民族特色村寨保护与发展中的法律责任这一术语进行内涵界定。笔者认为，少数民族特色村寨保护与发展中的法律责任是法律责任的种概念，因此其内涵应该具备法律责任内涵的基本特征。在逻辑基础上，笔者对少数民族特色村寨保护与发展中的法律责任作下述定义：所谓少数民族特色村寨保护与发展中的法律责任意指少数民族特色村寨保护与发展法律关系的主体违反少数民族特色村寨保护与发展法律规定，依据少数民族特色村寨保护与发展法的要求应当承担的不利法律后果。同样，少数民族特色村寨保护与发展中的法律责任也是由于违法行为而引起和应该承担的不利法律后果，只是这里的违法特指违反的是少数民族特色村寨保护与发展法。

2. 少数民族特色村寨保护与发展中法律责任的构成。

少数民族特色村寨保护与发展中法律责任的构成是认定相关主体违反少数民族特色村寨保护与发展法，并让相关主体承担相应的法律责任应该具备的基本要素，亦即认定少数民族特色村寨保护与发展法律责任时所必须考虑的条件和因素。只有科学合理地设定少数民族特色村寨保护与发展法律责任才可以警戒违反少数民族特色村寨保护与发展的行为，为少数民族特色村寨的保护与发展奠定制度保障。另外，少数民族特色村寨保护与发展法律责任的构成也是执法者、司法者执行和适用少数民族特色村寨保护与发展法的前提之一，没有对少数民族特色村寨保护与发展法律责任构成的立法设置，该法的可操作性将大打折扣，同时该法对相关主体行为的指引、教育、评价、强制作用

就无以发挥。

少数民族特色村寨保护与发展法律责任的构成要件有四个。其一，违反少数民族特色村寨保护与发展法的责任主体是指因违反少数民族特色村寨保护与发展法律规定或者约定的义务而必须依法承担相应法律责任的人，包括自然人、法人和其他社会组织等，违反少数民族特色村寨保护与发展法的责任主体是其法律责任构成中必不可少的要素。其二，违反少数民族特色村寨保护与发展法的行为是指责任主体的行为是违反少数民族特色村寨保护与发展法的行为。需要说明的是少数民族特色村寨保护与发展是一项系统工程，需要集中民智、发挥合力，因此，在少数民族特色村寨保护与发展中除了有相关的主管部门对少数民族特色村寨的保护、管理、监督、服务而与被管理的行政相对人引起管理与被管理、服务与被服务之行政法律关系之外，还存在着大量的民事法律关系，比如少数民族特色村寨引进资金对少数民族特色村寨进行保护与利用，这种法律关系显然是平等主体之间发生的一种典型的财产关系，总之，在少数民族特色村寨保护与发展法律关系中还存在着大量的民事法律关系，因此，少数民族特色村寨保护与发展中存在着依靠协定、合约或者合同规范民事主体双方权利和义务的大量情形，因而也一定存在着违反关于少数民族特色村寨保护与发展约定、合同或者协定的行为。违反现行的少数民族特色村寨保护与发展有效法律规定或者当事人约定的行为，在少数民族特色村寨保护与发展法律责任的构成要件中居于重要地位，是该法律责任的核心构成要素。其三，损害结果。这里所说的损害结果是指对少数民族特色村寨的保护与发展不利，构成了少数民族特色村寨保护与发展的障碍，比如对少数民族特色物质文化和非物质文化遗产的破坏、对少数民族特色村寨的毁坏等。其四，主观过错是指行为人实施违反少数民族特色村寨保护与发展行为或者违约行为时的主观心态。同样，这里的主观心理状态也有故意、过失两种。需要注意的是，违反少数民族特色村寨保护与发展法律责任的构成并不要求具备这四个要件的全部，有时只要具备部分构成要件也有追究法律责任的可能，具体到一个行为，对其性质的认定以及责任的追究，需要具体依靠少数民族特色村寨保护与发展法，有的还需要依靠少数民族特色村寨保护、发展、开发、利用过程中所签订的合同、协定或者合约等。

3. 少数民族特色村寨保护与发展法律责任的种类。

笔者基于实践价值对法律责任进行了分类，即将法律责任大致分为民事法律责任、行政法律责任、刑事法律责任和违宪责任四种。其中民事法律责任是公民或者法人或者其他组织因侵权、违约或者因法律规定的其他事由而依法承担的不利后果。行政法律责任是指因违反行政法律或因行政法规定的事由而应当承担的法定的不利后果。刑事责任，是依据国家刑事法律规定，对犯罪分子依照刑事法律的规定追究的法律责任。违宪责任，是指因违反《宪法》而应承担的法律后果。具体到少数民族特色村寨保护与发展法律责任中，笔者认为民事法律责任、行政法律责任、刑事法律责任都是存在的，而违宪责任一般而言很难存在。因此，笔者认为少数民族特色村寨保护与发展法律责任主要是指民事法律责任、刑事法律责任、行政法律责任。源于少数民族特色村寨保护与发展法主要是行政法性质，笔者认为，相对来说少数民族特色村寨保护与发展法律责任中行政法律责任更主要。

行政法律责任有行政处分和行政处罚两种类型，其中行政处分是行政主体承担行政法律责任的基本形式，行政处罚是行政相对人承担行政法律责任的基本形式。在少数民族特色村寨保护与发展法律关系中，政府及其相关主管部门应该担负更大的责任。有学者对政府及其主管部门在非物质文化遗产保护与发展中的责任进行了研究并归纳，认为政府及其主管部门的责任主要有："（1）负责非物质文化遗产的调查、普查、建档工作；（2）负责实施濒危非物质文化遗产项目的抢救；（3）组织实施代表作名录的申报、审查、评议、公示工作；（4）负责专家委员会的组织并指导其工作；（5）组织实施列入代表作名录项目的传承工作；（6）负责非物质文化遗产数据库的建设和维护；（7）组织非物质文化遗产实物、资料的收集、整理、保存和展示；（8）组织并实施非物质文化遗产保护技术的开发；（9）负责对非物质文化遗产的确认；（10）负责对文化生态区的确认；（11）负责对非物质文化遗产传承人的确认；（12）负责非物质文化遗产传承行为的许可；（13）负责非物质文化遗产的传播许可；（14）负责组织并实施对非物质文化遗产的行政帮助；（15）负责组织相关非物质文化遗产保护人员的培训、考核等工作；（16）在其职责范围内负责非物质文化遗产保护过程中各种争议的解决；（17）负责提供关于非物质文化遗产使用的监控服务，和对未经许可，滥用非物质文化遗产和侵犯非物质文化遗产权利主体权利的行为进行行政处罚或者建议追究法律责任，甚至提起诉讼；（18）负责与非物质文化遗产相关活动的审定和批准，主要包括审定与批准非物质文化遗产的开发与利用、审核批准非物质文化遗产或者非物质文化遗产的研究成果对外交流，审定批准因非物质文化遗产而得到的创新研究成果的知识产权的申请。"[①] 实际上，政府在非物质文化遗产保护与发展中的职责，在少数民族特色村寨这一文化遗产的保护与发展中一样适用，如果政府及其相关主管部门违背了职责，没有对少数民族特色村寨的保护与发展尽到法定的职责，当然应该依法承担相应的责任，给予行政处分，情节严重构成犯罪的依法追究刑事法律责任。

行政处罚是对行政相对人违反少数民族特色村寨保护与发展法由相应的行政主体进行认定并依法承担的责任。少数民族特色村寨保护与发展法对少数民族特色村寨所在地的村民、组织以及少数民族特色村寨利用开发招商引资的企业、事业单位、个人，包括到少数民族特色村寨所在地旅游观光的普通民众等均规定了一定的义务。对于妨碍少数民族特色村寨的保护与发展、破坏或者毁坏少数民族特色村寨以及其他构成对少数民族特色村寨保护与发展不利且造成危害性的行为，

① 汤静：《非物质文化遗产保护之法理视角》，载《湖南师范大学社会科学学报》2007年第5期。

相对人的违法行为应该依法、依事实进行认定并依据权限分工进行相应的责任追究和行政处罚。另外，对于破坏、毁坏少数民族特色村寨情节严重构成犯罪的行为需要依据现行刑法的规定承担刑事法律责任。

少数民族特色村寨保护与发展法律责任中存在着民事法律责任，比如对少数民族特色村寨的破坏，需要依法承担赔偿责任，需要采取恢复原状、返还原物等民事责任形式进行承担。广义角度看，在少数民族特色村寨保护发展中依法签订的民事协议，如果一方或者双方违约，也需要依靠协议承担违约责任，这一违约责任多数情况下是一种损失弥补或者补偿责任，很显然在定性上也是民事责任。

二、少数民族特色村寨保护与发展立法关于法律责任的规定分析

我国目前与非物质文化遗产保护与发展相关的立法不少，相关的立法对违反非物质文化遗产保护与发展法律、法规、规章规定应当承担的法律责任有明确的法律规定，少数民族特色村寨的保护与发展虽然在逻辑上与非物质文化遗产保护与发展存在交叉，但是，二者之间的区别也是显而易见的，因此应该针对少数民族特色村寨的保护与发展进行单独立法。本部分笔者仅仅以当前我国仅有的几部少数民族特色村寨保护与发展地方性立法展开讨论少数民族特色村寨保护与发展法律责任的设立问题。

（一）少数民族特色村寨保护与发展地方立法对法律责任的规定

针对少数民族特色村寨保护与发展而言，我国中央层面目前尚没有出台相关法律、法规、规章，但是在国家相关政策的指引、引领下，我国有的地方已经进行了少数民族特色村寨保护与发展的立法，其中最直接的有四个地方性法规，它们是：2008 年 9 月黔东南苗族侗族

自治州第十二届人民代表大会第三次会议审议通过并报请贵州省人大常委会批准颁行的《黔东南苗族侗族自治州民族文化村寨保护条例》、2015 年 9 月三江侗族自治县第十五届人民代表大会第六次会议通过并经广西壮族自治区第十二届人民代表大会常务委员会第十九次会议批准颁行的《三江侗族自治县少数民族特色村寨保护与发展条例》、2016 年 1 月通道侗族自治县第十五届人民代表大会第五次会议通过并经湖南省第十二届人民代表大会常务委员会第二十一次会议审查批准的《通道侗族自治县侗族文化村寨保护条例》、2017 年 2 月颁行的《融水苗族自治县少数民族特色村寨保护与发展暂行办法》。在上述四个直接与少数民族特色村寨保护与发展相关的地方性立法中,《黔东南苗族侗族自治州民族文化村寨保护条例》对法律责任进行了立法明确。

《黔东南苗族侗族自治州民族文化村寨保护条例》总共有四十条,在第三十四条至第三十九条对违反黔东南苗族侗族自治州民族文化村寨保护与发展的法律责任进行了规定,它们分别是:“第三十四条 国家机关工作人员在民族文化村寨保护工作中玩忽职守、滥用职权、徇私舞弊,尚未构成犯罪的,由所在单位或者上级行政主管部门给予行政处分。造成损失的,依法予以赔偿。第三十五条 违反本条例第十三条、第十四条、第十五条规定的,由县级人民政府建设行政主管部门责令其拆除,逾期不拆除的依法强制拆除。第三十六条 违反本条例第二十五条第二款规定的,由公安机关依法没收其资料和实物,并将没收物品移交文化行政主管部门;尚未构成犯罪的,依法给予行政处罚。第三十七条 违反本条例第二十六条规定的,由县级以上人民政府文化行政主管部门责令停止违法行为,没收其拍照或者摄录的资料,并处以 1000 元以上 5 万元以下罚款。第三十八条 违反本条例第三十三条规定的,按照以下规定予以处罚:(一)违反第一项规定的,由县级人民政府环境保护行政主管部门责令停止违法行为,并处以 1 万元以上 10 万元以下的罚款;(二)违反第二项规定的,由县级以上人民政府相关行政主管部门责令停止违法行为,予以批评教育,限期恢复原状；逾期不改的，可处以100元以上1000元以下罚款。不能恢复的依法赔偿，并可处100元以上2000元以下罚款；（三）违反第三项规定的，由县级以上人民政府林业行政主管部门责令停止违法行为，予以批评教育，没收违法所得和工具，并处以50元以上1000元以下罚款；（四）违反第四项规定的，由县级以上人民政府相关行政主管部门责令停止违法行为，予以批评教育，没收违法所得和工具，并处以50元以上1000元以下罚款；（五）违反第五项规定的，由县级以上人民政府相关行政主管部门责令停止违法行为，并处以50元以上1000元以下罚款。第三十九条 本条例规定处罚以外的其他违法行为，由相关部门依法处理。”

《三江侗族自治县少数民族特色村寨保护与发展条例》对法律责任没有进行明确的规定，只是在该条例的第十条和第十一条中规定了责任承担方式，严格角度论，可以说是有个别行为法律责任的立法规定的，它们是：“第十条 少数民族特色村寨保护规划区内的吊脚楼、鼓楼、寨门、戏台、风雨桥、踩歌堂、竞技场等建筑物及场所，应当加以保护、修缮，保持完好。在保护规划区内新建、改建、扩建、维修建筑物、构筑物，应当符合保护规划规定的建设控制要求和节约资源、防御灾害的要求，保持村寨原有风貌、地方特色和民族风格。在保护规划区内进行建筑工程施工的，开工前应当依法办理施工许可证。经依法批准的，施工单位应当制定施工方案，采取有效措施保护人文景观及周围的植被、水体、地貌，不得造成污染和破坏；工程竣工后，施工单位应当及时清理施工场地，恢复原状。第十一条 少数民族特色村寨保护规划区范围内，已建成的建筑物、构筑物与村寨整体建筑风格不协调、不一致的，应当按照保护规划逐步进行改造或者迁出，自治县人民政府应当依法给予相应补偿。”这两条中有规定清理施工场地、恢复原状、改造或者迁出等形式或者法律措施，从严格的角度或者广义角度论，可以视为是法律责任的形式。如果基于理论上对法律责任的界分和现行立法上对法律责任的分类，笔者认为这里的“清理施工场地、恢复原状、改造或者迁出”等形式与行政处罚的种类相似。

《通道侗族自治县侗族文化村寨保护条例》对法律责任也没有明确规定，但该办法的第十五条和第十七条规定了责任承担方式，严格角度论，可以说是有个别行为法律责任的立法规定的，它们是："第十五条 自治县人民政府应当对侗族文化村寨保护范围内的吊脚楼、鼓楼、寨门、戏台、风雨桥、款坪、萨坛、古井、石碑等建（构）筑物及设施进行保护、修缮，保持完好。在侗族文化村寨保护范围内需新建、改建、扩建、维修建（构）筑物、道路、管线和进行其他工程建设的，应当符合侗族文化村寨保护规划要求。施工单位或个人应当采取措施保护人文景观及周围的植被、水体、地貌，不得造成污染和破坏；竣工后及时清理施工场地，恢复原状。第十七条 侗族文化村寨保护范围内已有的建筑物、构筑物与侗族文化村寨建筑风格不协调的，应当根据规划要求逐步进行拆迁、改造，自治县人民政府应当给予依法补偿或适当补助。自治县人民政府应当依照侗族文化村寨保护规划设立居民新村，并负责场地整理和水、电、路、通讯等基础设施建设，采取置换、转让、出让等方式为村寨内居民提供宅基地，对按照规划要求进行建设的给予适当补助。”同样这两条中有规定清理施工场地、恢复原状、置换、转让、出让等形式或者法律措施，从严格的角度或者广义角度论，可以视为是法律责任的形式。如果基于理论上对法律责任的界分和现行立法上对法律责任的分类，笔者认为这里的“清理施工场地、恢复原状、置换、转让、出让”等形式类似行政处罚的种类。

《融水苗族自治县少数民族特色村寨保护与发展暂行办法》对法律责任也没有明确规定，相反在该办法的第十条和第十一条中规定了责任承担方式，笔者也认为从严格角度论，可以说是有个别行为法律责任的立法规定的，它们是："第十条 少数民族特色村寨保护与发展规划区内的民居、吊脚楼、鼓楼、寨门、戏台、风雨桥、芦笙坪、芦笙柱、社庙等建筑物及场所，应当加以保护、修缮和兴建，保持完好。少数民族特色村寨保护与发展规划区内的山体、河流、梯田、古树等要予以保护。在保护规划区内新建、改建、扩建、维修建筑物、构筑物，应当符合保护规划规定的建设控制要求和节约资源、防御灾害的要求，保持村寨原有风貌、地方特色和民族风格。在保护与发展规划区内进行建筑工程施工的，应当符合所在乡镇土地利用总体规划，做到不占或少占耕地，禁止占用基本农田，开工前应当依法办理乡村建设规划许可证，涉及占用农用地的，按有关规定办理农用地转用手续。经依法批准的，施工单位应当制定施工方案，采取有效措施保护人文景观及周围的植被、水体、地貌，不得造成污染和破坏；工程竣工后，施工单位应当及时清理施工场地，恢复原状。第十一条 少数民族特色村寨保护与发展规划区范围内，已建成的建筑物、构筑物与村寨整体建筑风格不协调、不一致的，应当按照保护与发展规划逐步进行改造或者迁出，自治县人民政府应当依法给予适当补偿。”同样这两条中有规定清理施工场地、恢复原状、改造或者迁出等形式或者法律措施，从严格的角度或者广义角度论，可以视为是法律责任的形式。如果基于理论上对法律责任的界分和现行立法上对法律责任的分类，笔者认为这里的“清理施工场地、恢复原状、改造或者迁出”等形式类似行政处罚的种类。

（二）少数民族特色村寨保护与发展现行地方立法对法律责任规定的分析

形式角度论，目前我国直接与少数民族特色村寨保护与发展相关的四部地方性立法中，可以说只有在《黔东南苗族侗族自治州民族文化村寨保护条例》中有明确的合乎我国现行关于法律责任立法体例安排的法律责任的规定。而《三江侗族自治县少数民族特色村寨保护与发展条例》《通道侗族自治县侗族文化村寨保护条例》和《融水苗族自治县少数民族特色村寨保护与发展暂行办法》等三个地方性立法中是没有关于法律责任设置的。虽然，从严格的角度论，仅从法律责任分类的理论出发我们可以将清理施工场地、恢复原状、改造或者迁出、置换、转让、出让等形式或者措施视为是法律责任的一种形式，同时视为广义的行政处罚种类的具体表现形式。但是，客观说，这样的立法安排一是不吻合中国现行的立法例，二是不利于执法者的法律适用，三是将法律责任如此安排也有碍法律责任的威慑力和严肃性。我国现行《行政处罚法》第三条明确规定："公民、法人或者其他组织违反行政管理秩序的行为，应当给予行政处罚的，依照本法由法律、法规或者规章规定，并由行政机关依照本法规定的程序实施。没有法定依据或者不遵守法定程序的，行政处罚无效。"这一条就是行政处罚之处罚法定基本原则，[①]作为行政处罚法的基本原则，行政执法机关在行使行政处罚时应该遵守而不得违反，亦即意味着行政执法机关应该在法定的行政处罚种类中给予违法的行政相对人以相应的行政处罚，而不得随意、恣意、任性设置别类的处罚种类或者责任形式。《行政处罚法》第八条是关于行政处罚种类的立法规定，该条明确规定："行政处罚的种类：（一）警告；（二）罚款；（三）没收违法所得、没收非法财物；（四）责令停产停业；（五）暂扣或者吊销许可证、暂扣或者吊销执照；（六）行政拘留；（七）法律、行政法规规定的其他行政处罚"，亦即依据行政处罚法、遵循行政处罚法定之基本原则，相应的行政执法机关只能在上述行政处罚种类中选择其中的一种或者几种进行适用，一般而言适用其他种类，其正当性、合法性可能备受质疑。笔者认为依靠地方性立法增设新种类的行政处罚一定要慎重，没有十足的必要性和充分的科学性与足够的民主性尽量不增加新的行政处罚种类。如果基于此视角出发，目前对违反少数民族特色村寨保护与发展法律责任规定的仅仅有《黔东南苗族侗族自治州民族文化村寨保护条例》这一个地方性立法。

① 应松年：《行政法与行政诉讼法学》，中国政法大学出版社 2011 年版，第 263 页。

三、少数民族特色村寨保护与发展的法律责任的设定

我国目前尚没有国家层面的少数民族特色村寨保护与发展法，地方性的少数民族保护与发展立法关于少数民族特色村寨保护与发展法律责任的设置问题还是不小的，因此我国少数民族特色村寨保护与发展立法中，法律责任的科学、民主厘定是至关重要的。为服务于我国少数民族特色村寨保护与发展法律责任立法，笔者在本部分拟对少数民族特色村寨保护与发展法律责任设置的问题展开理论分析，以期为立法提供借鉴。

（一）少数民族特色村寨保护与发展法设定法律责任的必要性和可行性

法律责任本是法自身不可缺少的要素和组成部分，欠缺了法律责任的法是不完整的。另外，少数民族特色村寨保护与发展法设定法律责任对于保证该法的全面有效实施是不可或缺的，没有行之有效的法律责任制度，少数民族特色村寨保护与发展法不可能得到充分实施。笔者认为在少数民族特色村寨保护与发展法中，明文设定法律责任是必要的也是可行的，下面分而述之。

1. 少数民族特色村寨保护与发展法设定法律责任的必要性。少数民族特色村寨保护与发展法设定法律责任的必要性主要有三方面体现：

第一，是少数民族特色村寨保护与发展法的应然组成部分。法是一个逻辑自身完整的规范体系，只有这样法律才可以起到对重大社会关系进行法律调节的目的，才可以起到国家强制力实施的效果。与道德、宗教等社会规范不一样，法律规范具有自身的特质，使其区别于其他非法律规范，其中一个最突出的区别就是法律规范有自己的逻辑结构，法学理论认为完整的法律规范应该由三部分构成：“假定、处理、制裁。其中，假定是法律规范适用的条件或者情形部分，处理是法律的内容亦即权利和义务部分，制裁是法律后果部分，是违反或者合乎法律规

范的内容所引起的法律后果部分。”① 也有的法理学者将法律规范的逻辑结构作二分法，即：“将法律规范的逻辑结构分为行为模式和法律后果部分，所谓行为模式亦即法律在调整某特定社会关系时的具体内容部分，也就是主体的权利与义务部分。法律后果部分亦即合乎或者违反法律所设定的行为模式的后果，可以界分为合乎法律而引起的肯定性法律后果以及违反法律而引起的否定性后果两类。”② 不论是哪一种分类，完整的法律规范不可以缺少法律后果部分，亦即不可以缺少因违反法律规定而引起的法律责任部分。少数民族特色村寨保护与发展法是一部独立的法，不隶属于非物质文化遗产保护法、文物法、历史名城名村名镇法，显然，不能依据这些法规定的法律责任规范对少数民族特色村寨保护与发展中造成伤害或者损害的行为。

第二，法律责任为少数民族特色村寨保护与发展法的实施提供保障。法律责任是一种以国家强制力为保障的责任追究形式，相对于其他责任形式，比如道德责任、纪律责任、宗教责任而言，法律责任具有足够的威慑力。教育人们不要违法的同时对违法者通过强制恢复违法所造成的社会破坏，补救违法所造成的损害结果，而别的责任形式是不可能做到这点的，因此法律责任为少数民族特色村寨保护与发展法的实施提供了强有力的保障。另外，实施少数民族特色村寨保护与发展不仅需要相关国家机关及其工作人员的政治操守和法律意识，需要特色村寨所在地民众以及相关的组织、企事业单位等自觉地遵守少数民族特色村寨保护与发展法，更需要建立完善、科学、理性的法律责任制度和高效、公平、公正的法律责任追究机制。

第三，法律责任是确保行政机关及其工作人员依法行政的重要机制，是少数民族特色村寨保护与发展法可操作性的必然要求。在当今时代背景下，应该对少数民族特色村寨这一宝贵的文化遗产进行保护，

① 舒国滢：《法哲学：问题与立场》，中国政法大学出版社 1999 年版，第 113 页。
② 吴经雄：《法律哲学研究》，社科文献出版社 2009 年版，第 217 页。

采取切实措施使之随着时代的发展而发展，焕发新的生机和活力。因此，对少数民族特色村寨保护与发展的相关政府及其职能部门而言，一件常规性、重要的工作就是认定行为人的行为是否为破坏少数民族特色村寨保护与发展的行为，以及在认定为破坏行为或者违反少数民族特色村寨保护与发展法行为的基础上追究其相应的法律责任。如果没有法律责任制度的设计，少数民族特色村寨保护与发展法就没有可操作性，对行为的认定就可能恣意、随意，就可能出现公权力的滥用。笔者认为少数民族特色村寨保护与发展法律责任的规定一方面为执法机关及其公务人员的执法行为提供指引，同时也使相关国家机关行使公权力受到监督和制约，保证公权力严格行使、依法行政。

2. 少数民族特色村寨保护与发展法设定法律责任的可行性。少数民族特色村寨保护与发展法设定法律责任的可行性主要有两方面体现：

第一，我国少数民族特色村寨保护与发展地方性立法关于法律责任的规定及其实践运行为我国少数民族特色村寨保护与发展法法律责任的设定奠定了基础，提供了现实经验。正如上文介绍，我国关乎少数民族特色村寨保护与发展的地方性立法有四部，在这四部地方性立法中,《黔东南苗族侗族自治州民族文化村寨保护条例》第三十四条至第三十九条对违反黔东南苗族侗族自治州民族文化村寨保护与发展的法律责任进行了规定，其中第三十四条是关于政府及其相关主管部门及其公务人员法律责任的规定，其余条款是关于行政相对人违反少数民族特色村寨保护与发展行为法律责任的规定。该条例自 2008 年 9 月 1 日起施行，目前实施已十余年，实践表明黔东南的少数民族特色村寨在我国的保护与发展中是非常成功的，有很多可圈可点的地方，正如有学者总结的那样："自《黔东南苗族侗族自治州民族文化村寨保护条例》以来，黔东南州民宗委紧紧围绕党委政府工作大局，依托州内深厚的民族文化底蕴长板优势，积极探索和创新工作方式方法，引导推动全州民族文化事业全面持续发展，亮点纷呈，为加快建设同步小康社会步伐注入了不竭的动力，为民族地区实现跨越式发展作出应有的贡献，黔东南少数民族特色村寨实现了在建设中保护传承、在研究中保护传承、在教育中保护传承、在展示中保护传承、在创新中保护传承。”笔者在黔东南进行少数民族特色村寨保护与发展的实地走访时发现，人们普遍认为有了严格、科学、理性的法律责任，对破坏、毁坏少数民族特色村寨的行为确实起到威慑作用。2017 年 8 月，笔者一行六人前往三江侗族自治县特色村寨和融水苗族自治县少数民族特色村寨进行实地调研，我们发现当地村寨的村务公开栏都张贴了该地的少数民族特色村寨保护与发展条例，但是在问及当地村民对条例的知悉情况时，不少群众却并不熟悉。同时我们也发现破坏少数民族特色村寨的现象还是存在的，并没有因为立法而得到禁止，我们询问得知，该法没有法律责任是造成其没有权威性和尊严的一个重要原因。正反两个方面告诉我们少数民族特色村寨保护与发展法确立法律责任制度是必要的，同时《黔东南苗族侗族自治州民族文化村寨保护条例》践行十余年，效果明显，在该条例实践经验和宝贵教训的基础上，笔者认为我国少数民族特色村寨保护与发展法法律责任的设定一定会更科学、理性。

第二，非物质文化遗产保护法、文物法、历史文化名城名村名镇保护条例以及城乡规划、建筑法等相关法律法规关于法律责任的设定和实施为少数民族特色村寨保护与发展法法律责任的科学、理性设定提供了立法经验借鉴。少数民族特色村寨保护与发展法是一部独立的法部门，与非物质文化遗产保护法、文物法、历史名城名村名镇保护条例以及城乡规划、建筑法等存在着明显的区别，正如上文笔者所言，不可以凭借这些相关法法律责任的立法规定来惩戒所有的对少数民族特色村寨保护与发展造成损害的行为，但是客观说，少数民族特色村寨保护与发展法在立法目的、保护与发展的对象、保护与发展的手段措施以及规范的行为等方面与这些相关的立法存在着逻辑上的交叉，因此，在法律责任的规定问题上，其他相关法可以起到借鉴参考作用。比如，我国少数民族特色村寨中有的本身就是历史文化名村，在 2008

年4月国务院颁行的《历史文化名城名镇名村保护条例》中，第五章明确规定了法律责任。同样其他相关的法也均有法律责任的设定，笔者认为对这些规定进行细致梳理，理清其与少数民族特色村寨保护与发展行为的关系，少数民族特色村寨保护与发展法的法律责任一定会科学、理性设计出来。

（二）少数民族特色村寨保护与发展法律责任设定应注意的问题

1. 尊重少数民族特色村寨的民间规范。少数民族特色村寨在长期的历史发展演进过程中形成了不少的民间风俗、特色习惯，有的已经为本村寨的乡规民约所吸收而成为乡规民约的组成因子。笔者将这些总称为该少数民族特色村寨的民间规范。当然，对民间规范的学理界定，法社会学者尚未达成共识。梁治平先生将民间规范称为民间法，并认为:“民间法主要指这样一种知识传统，它生于民间，出于习惯乃由乡民长期生活、劳作、交往和利益冲突中显现，因而具有自发性和丰富的地方色彩，它可以是家族的，也可以是民族的，可能形诸文字，也可能口耳相传；它们或是人为创造的，或是自然生成，相沿成习；或是有明确的规则，或者更多地表现为富有弹性的规范，其实施可能由特定的一些人负责，也可能依靠公众舆论和某种微妙的心理机制。”[①]目前学界共识认为，民间规范作为一种在民间社会自发形成的、因袭相沿的规范体系和状态，在社会治理中尤其是在对地方社会事务的治理中发挥着重要作用，因为其源自民间，往往深入当地人内心，很多时候会起到国家法所起不到的、意想不到的作用和效果。在少数民族特色村寨保护与发展问题上，国家立法应该尊重少数民族特色村寨的民间规范，对少数民族特色村寨所在地的村民修缮、维护、保养、建筑自己的房屋、桥梁、道路等方面的传统做法和用料习惯以及建筑仪

① 梁治平:《清代习惯法：社会和国家》，中国政法大学出版社1996年版，第362页。

式、落成庆典等民间活动不要认定为是对少数民族特色村寨保护与发展不利的行为，在立法规范哪些是构成对少数民族特色村寨破坏、毁坏等行为时一定要结合该特色村寨的民间规范，充分尊重该特色村寨所在地村民。另外，在立法对少数民族特色村寨破坏、毁坏行为进行列举的时候，要进行充分的民意调研，将常见的对少数民族特色村寨保护与发展造成损害的行为尽量罗列齐全、周延。在明确违法行为构成要件及其具体表现形式的基础上，对某种行为设置如何的处罚、承担何种具体的法律责任以及责任的轻重，笔者认为，在不违背现代法治精神原则的前提下，也应该充分尊重少数民族特色村寨所在地的民间规范，看看民间规范中有无对应行为的惩戒措施，如果有类似的规范同时又不违背现代法治的原则精神，笔者认为国家立法可以吸收这样的民间规范。总之，少数民族特色村寨保护与发展法在对违法行为的规定和法律责任的设定方面，应该尽量做到与少数民族特色村寨民间规范良性互动。只有这样，国家法才可以接地气，深入少数民族特色村寨村民的内心。

2. 行政主体的法律责任与行政相对人法律责任的关系。在少数民族特色村寨保护与发展法律关系中，代表国家对少数民族特色村寨进行保护、发展的监督管理机关是行政主体，而行政主体在管理、保护、发展少数民族特色村寨过程中所管理或者服务的对象是行政相对人。在法律部门划分中，少数民族特色村寨保护与发展法应该属于行政法，因此行政主体与行政相对人的关系是少数民族特色村寨保护与发展中最主要的法律关系。处理好二者之间的关系，在立法上应做到主体间的责、权、利相互平衡、协调，设置的公平、合理、科学，对现代法治理念原则的实现意义重大，更为直接、主要的是对少数民族特色村寨保护与发展的目的实现直接攸关。我国不少的行政法不是国家权力机关亦即人民代表大会或者人民代表大会常务委员会制定的，而是由管理机关或者说是行政主体亦即行政机关制定的，行政机关制定的立法在传统行政生态和意识环境下，有的重管理、重强制、重处罚，而轻服务、轻指导、轻鼓励引导，体现在行政法文本上则为行政主体的权力较多、较大、较少受到制约和规制，而行政相对人的义务较多、较重。在法律责任的设置上体现为对行政相对人法律责任的规定较多、较细、较明确具体，而对行政主体责任的规定较为抽象、宏观、较少，这显然与现代法治国家、法治政府、法治社会建设的要义有差距。比如在《黔东南苗族侗族自治州民族文化村寨保护条例》中，关于法律责任的规定总计有六个条文，亦即该条例的第三十四条至第三十九条，其中对行政主体法律责任的规定是第三十四条，该条规定："国家机关工作人员在民族文化村寨保护工作中玩忽职守、滥用职权、徇私舞弊，尚未构成犯罪的，由所在单位或者上级行政主管部门给予行政处分。造成损失的，依法予以赔偿。"对行政相对人法律责任的规定为第三十五条至第三十九条："第三十五条 违反本条例第十三条、第十四条、第十五条规定的，由县级人民政府建设行政主管部门责令其拆除，逾期不拆除的依法强制拆除。第三十六条 违反本条例第二十五条第二款规定的，由公安机关依法没收其资料和实物，并将没收物品移交文化行政主管部门；尚未构成犯罪的，依法给予行政处罚。第三十七条 违反本条例第二十六条规定的，由县级以上人民政府文化行政主管部门责令停止违法行为，没收其拍照或者摄录的资料，并处以1000元以上5万元以下罚款。第三十八条 违反本条例第三十三条规定的，按照以下规定予以处罚：（一）违反第一项规定的，由县级人民政府环境保护行政主管部门责令停止违法行为，并处以1万元以上10万元以下的罚款；（二）违反第二项规定的，由县级以上人民政府相关行政主管部门责令停止违法行为，予以批评教育，限期恢复原状；逾期不改的，可处以100元以上1000元以下罚款。不能恢复的依法赔偿，并可处100元以上2000元以下罚款；（三）违反第三项规定的，由县级以上人民政府林业行政主管部门责令停止违法行为，予以批评教育，没收违法所得和工具，并处以50元以上1000元以下罚款；（四）违反第四项规定的，由县级以上人民政府相关行政主管部门责令停止违法行为，予以批评教育，没收违法所得和工具，并处以50元以上1000元以下罚款；(五)违反第五项规定的，由县级以上人民政府相关行政主管部门责令停止违法行为，并处以50元以上1000元以下罚款。第三十九条 本条例规定处罚以外的其他违法行为，由相关部门依法处理。”很明显，行政主体和行政相对人法律责任的规定粗细有别、多少有异，同时对行政主体法律责任的规定由其所在单位或者上级行政主管部门给予行政处分，造成损失的，依法予以赔偿，而没有对刑事责任进行立法明确，极易造成误解。笔者认为立法也需要明确行政主体的行为模式和法律后果，也需要对违法行为的责任在立法中具体明确，只有这样才体现行政公平、公正理念，契合行政法治的精神，也只有这样才可以督促政府及其相关职能部门切实履行对少数民族特色村寨的保护与发展职责。

3.强制、处罚与奖励、鼓励的关系。传统的行政是管制行政，体现在对行政相对人权利和义务的规定上，行政立法重对行政相对人义务的规定，轻权利的规定，体现在法律后果的运行上，传统的行政法多规定行政相对人的否定性或者不利性法律后果，而较少或者根本不规定肯定性法律后果。我国在二十一世纪前的行政法也重在对行政相对人的行政处罚和行政强制，几乎很难见到对行政相对人鼓励、奖励、引导等行政措施、方式的运用。二十世纪末期我国将依法治国写入《宪法》，法治政府建设开始提上日程。法治政府绝对不是仅仅对社会民众进行强制、处罚的政府，而应该是温情、服务型政府。体现在行政管理领域就是在运用传统的行政处罚、行政强制手段外，还开始使用行政指导、行政奖励，通过正面的鼓励，引导教育行政相对人按照政府的意愿和规定积极行为，而不仅仅是对违法者进行打击和制裁。比如行政奖励措施，所谓行政奖励意指：“行政主体依照法定的条件和程序，对为国家和社会作出重大贡献或者模范地遵纪守法的单位和个人，给予物质和精神等方面的奖赏与鼓励的具体行政行为。”[①] 与具有强制性的行政命令、行政处罚、行政强制等行为不同，行政奖励属于非强制性行政行为的范畴，非常尊重行政相对人的意思自治和选择自由，行政奖励主要通过利益驱动机制，向特定相对人施以作用和影响，并谋求其为一定行为和不作为行为，从而达到一定的行政目的，行政相对人实施了应受奖励行为后，接受奖励与否，取决于自己的意志，行政主体不能强制。因此，比较而言行政奖励利于达到行政目的，利于构造行政主体和行政相对人的平等和谐行政法律关系，是现代行政民主发展的方向。在少数民族特色村寨保护与发展法律关系中，其目的是对少数民族特色村寨进行保护、传承，在保护中求得少数民族特色村寨的发展创新，实现少数民族特色村寨所在地村民的幸福、富裕，没有少数民族特色村寨村民的配合、拥护与切身支持，单靠政府一方想取得少数民族特色村寨保护与发展的目的是根本无法做到的，这也就说明了少数民族特色村寨保护与发展法律责任部分立法，不仅仅要明确违法行为及其法律责任的种类、范围和幅度，做到责任追究于法有据，同时也应该明确对少数民族特色村寨保护与发展作出贡献的行为，明确对这些行为的奖励，包括奖励的机关、奖励的程序、奖励的种类、幅度等。确切地说，法律的正反两个后果都需要明确付诸于立法，不能仅仅对否定的后果进行明确，而对肯定的后果不做规定或者规定得十分粗糙不具有可操作性。笔者对现行的关于少数民族特色村寨保护与发展地方性立法进行了梳理发现，目前四个地方性立法均有政府鼓励民众积极保护、发展少数民族特色村寨的法律条款，但是对这一鼓励、奖励却并没有作出任何可操作性的规定，以至于使得鼓励、奖励停留在纸面上而无法实施实现。比如，《三江侗族自治县少数民族特色村寨保护与发展条例》第十七条规定：“自治县人民政府应当组织有关部门，定期对少数民族特色村寨的文物和非物质文化遗产进行普

---

① 胡建淼:《行政法学原论》，高等教育出版社 2003 年版，第 259 页。

查、认定、挖掘、收集、整理，并依法予以保护。鼓励民族文化艺术研究机构、学术团体以及其他组织和个人对少数民族特色村寨的民族传统文化、技艺进行收集、整理、研究，开展交流与合作。”第十九条规定：“自治县人民政府文化行政主管部门应当通过报刊、电视、网络等媒体加强少数民族特色村寨文化的宣传，定期开展有利于少数民族特色村寨保护与发展的宣传教育活动。鼓励少数民族特色村寨村民穿戴民族服饰。尊重少数民族特色村寨的传统习俗，支持、引导开展三月三、抢花炮、斗牛等健康有益的民族节庆、祭祀、竞技活动。”《融水苗族自治县少数民族特色村寨保护与发展暂行办法》第十七条规定：“自治县人民政府应当组织有关部门，定期对少数民族特色村寨的特色建筑、传统工艺、民风民俗、故事传说等文化遗产进行普查、认定、挖掘、收集、整理，并依法予以保护。鼓励民族文化艺术研究机构、学术团体以及其他组织和个人对少数民族特色村寨的民族传统文化、技艺进行收集、整理、研究，开展交流与合作。”第十八条规定：“自治县人民政府应当采取有效措施鼓励和支持少数民族特色村寨的民间艺人、工匠开展民族传统技艺的培训、研究和交流等活动，培养传承人。”第十九条规定：“自治县人民政府文化行政主管部门应当通过报刊、电视、网络等媒体加强少数民族特色村寨文化的宣传，定期开展有利于少数民族特色村寨保护与发展的宣传教育活动。鼓励少数民族特色村寨村民穿戴民族服饰。尊重少数民族特色村寨的传统习俗，支持、引导开展民族坡会、三月三、抢花炮、斗马等健康有益的民族节庆、祭祀、竞技活动。”这些法律规定的鼓励，均没有细化，不具有任何可操作性，使得行政鼓励、奖励的意义无法落地实现。笔者认为在国家立法中应该对典型的为少数民族特色村寨保护与发展作出突出贡献的行为进行列举规定，并对其奖励措施和标准进行明确，已达到行政奖励、鼓励的目的。

4. 行政责任与民事责任的协调运用问题。一般认为民事责任是指民事主体违反民法应当承担的民事法律后果。少数民族特色村寨保护与发展是一项系统工程，其中牵涉的法律关系主要是行政法律关系，但是也存在着大量的民事法律关系，比如，少数民族特色村寨与招商引资过来的开发企业之间的关系等。民法学理论认为，民事责任是一方当事人向他方当事人承担的责任，它与行政责任和刑事责任不同，行政责任和刑事责任主要是责任人向国家和社会承担的责任。因此，学者认为："法律责任有补偿、惩罚、预防、教育等功能，不同类型的法律责任的功能有不同的侧重点，刑事责任侧重于惩罚；民事责任侧重于补偿，一般不具有惩罚性"。从责任形式上，民事责任可分为财产责任和非财产责任两类，财产责任是指以一定的财产为内容的责任，例如返还原物、赔偿损失、支付违约金等。非财产责任是指不具有财产内容的责任，如消除影响、恢复名誉等。《民法通则》第一百三十四条第一款规定了民事责任的主要方式，有：停止侵害、排除妨碍、消除危险、返还财产、恢复原状、修理、重做、更换、赔偿损失、支付违约金、消除影响、恢复名誉、赔礼道歉等。同时有学者认为："《民法通则》的规定的责任方式具有开放性，在条件成熟的时候可能增加其他责任方式，这一规定为民事特别法规定其他责任方式留下了空间。"①行政责任，又称行政法律责任，是行政法律关系主体因违反行政法律规范而应承担的否定性法律后果。它包括行政主体的法律责任、行政公务员的法律责任、行政相对人的法律责任三类。行政法理论认为行政责任不同于刑事责任，也不同于民事责任，其兼具有惩罚性和补救性双重性质，但是追究行政责任的主体是法定的，学者认为："追究行政主体及其公务人员行政责任的主体一般是具有法定监督权的国家机关，而追究行政相对人法律责任的主体是具有行政管理职权的行政机关。"②总之，在少数民族特色村寨保护与发展法律关系中，既有行政法律关系也有民事法律关系，作为相关主体的行为违法有可能产生行政

① 魏振瀛：《民法》（第五版），北京大学出版社、高等教育出版社，第 329 页。

② 朱维究、王成栋：《一般行政法原理》，高等教育出版社 2005 年版，第 513 页。

责任，也有可能产生民事责任，这两种责任不可以互相替代，也不可以以行政处罚代替民事赔偿。实际上相关主体违反了少数民族特色村寨保护与发展法，更直接的是对少数民族特色村寨的破坏、毁坏，应该说其所担负的民事责任是必须的，只有对少数民族特色村寨进行恢复或者通过赔偿金以资修复被破坏、毁坏的少数民族的建筑物等才是少数民族特色村寨保护与发展法目的实现的最基本、最重要方式，如果仅仅给予罚款甚至是行政拘留等最严厉的行政处罚或者是刑事责任中的刑罚都并不一定直接有助于少数民族特色村寨保护与发展法立法目的的实现。笔者认为在少数民族特色村寨保护与发展法中关于法律责任部分的立法应该注意行政责任与民事责任的协调运用问题，一般而言构成对少数民族特色村寨保护与发展的破坏、毁坏行为，民事责任的追究是必须的，必须让行为人承担恢复原状、停止侵害、返还原物等责任，无法恢复原状、返还原物的或者侵害行为已经实施完毕的，一定要让行为人承担足额的民事赔偿责任，民事赔偿的金钱用来对被破坏、毁坏的民族村寨进行维修、保养、建筑。当然，对当事人毁坏、破坏少数民族特色村寨的行为，也应该依法追究行政责任，不可以轻民事责任也不可以轻行政责任。

我国目前关于少数民族特色村寨保护与发展的地方性立法对破坏少数民族特色村寨保护与发展行为的行政责任规定得相对较细致，而民事责任规定得不够精细，未来在国家立法中应该同样对待，只有民事责任和行政责任相互协调才可以实现少数民族特色村寨保护与发展的目的。

第七章 少数民族特色村寨保护与发展法（草案建议稿）

第一章 总 则

第一条【立法目的与依据】为保护和发展少数民族特色村寨（下称“特色村寨”），推进少数民族优秀历史文化的传承发展，建设美丽少数民族乡村，根据《中华人民共和国宪法》制定本法。

第二条【基本原则一】特色村寨的保护与发展应当坚持保护优先、突出特色、科学规划、合理利用、兼顾发展的原则，坚持保护与改善村（居）民生产生活相结合，正确处理经济社会发展和特色村寨保护之间的关系。

第三条【基本原则二】特色村寨的保护与发展应当注重真实性、完整性、延续性。

第四条【基本原则三】特色村寨保护与发展应坚持政府主导、村民自治、社会参与的原则，应当调动原住村（居）民的积极性、主动性和创造性。

第五条【政府职责】特色村寨所在地的县（市）级以上人民政府（下称“县级以上人民政府”）应当将特色村寨保护和发展工作纳入国民经济和社会发展规划以及城乡规划；应当制定特色村寨保护和发展措施，建立协调机制，解决特色村寨保护和发展中的重大问题；应当负责本行政区域内特色村寨的保护、发展的监督管理工作。

乡镇人民政府负责本行政区域内特色村寨保护和发展的具体工作，参与特色村寨保护和发展规划编制并组织实施，指导村民委员会开展特色村寨保护和发展工作，并积极配合有关部门做好特色村寨的保护与发展工作。

第六条【政府部门职责】县级以上人民政府住房和城乡建设行政主管部门负责特色村寨的保护和发展工作。文化（文物）主管部门负责整理历史建筑的历史资料信息，挖掘、评价其历史价值，并协助城乡规划主管部门做好历史建筑的普查调查、申报认定等工作。财政、国土资源、农业、旅游、规划、民族宗教、扶贫开发、民政、环境保护、林业、公安（消防）、发展改革等部门根据各自职责，共同做好特色村寨保护和发展工作。

第七条【奖励与举报】特色村寨所在地县（市）人民政府对在少数民族特色村寨保护与发展工作中作出突出贡献的组织和个人，应当予以表彰奖励。

任何单位和个人都有权对特色村寨的保护和发展提出意见和建议，有权对破坏、损害特色村寨的行为进行劝阻、举报和控告。

第二章　申报与规划

第八条【申报前置程序】申报特色村寨应当经村民会议或者村民代表会议讨论同意。

第九条【申报条件】列入保护名录的少数民族特色村寨，少数民族人口比例应当不低于30%、总户数不低于30户、特色民居不低于村寨民居50%，并同时具备下列条件之一：

（一）主体建筑群具有民族特色，历史悠久，布局协调，建筑典型；

（二）传统习俗保存完整、具有民族特色或者地方特点的；

（三）保存有与历史名人、民族历史文化传统或者重大历史事件相关联的文物古迹的；

（四）民间传统艺术或者工艺留存完好，至今仍在应用，独具特色的；

（五）具有特色生态农业或民族特色产业的。

经认定的特色村寨，应当制定名录向社会公布。

特色村寨的申报、评审程序和评定指标，由国务院住房和城乡建设行政主管部门会同有关部门制定。

第十条【保护规划编制期限】县级人民政府应当自特色村寨名录公布之日起一年内，编制完成保护和发展规划，并报上一级人民政府审批。

第十一条【保护规划内容】特色村寨保护发展规划具体包括下列内容：

（一）保护原则、保护内容和保护范围；

（二）核心保护区和建设控制地带的划定；

（三）保护措施和建设控制要求；

（四）保护规划分期实施方案及近期保护项目；

（五）传统格局、不可移动文物、传统建筑、历史环境要素的分类保护要求及措施；

（六）非物质文化遗产保护传承、传播要求；

（七）村寨发展定位及发展途径；

（八）村寨人居环境规划。

第十二条【保护规划编制原则】特色村寨保护发展规划的编制，应当与土地利用总体规划、城乡规划相衔接，处理好保护与发展的关系，合理安排村民住宅建设用地。

传统村落保护发展规划应当与村庄规划的规划范围、基本内容等相衔接。

第十三条【保护规划编制程序】特色村寨保护发展规划报送审批前，应当经村（居）民会议或者村民代表会议讨论同意，并通过论证会等方式征求专家意见。所在地县级人民政府应当将有关情况作为报送审批材料。

特色村寨保护发展规划报送审批前，所在地县级人民政府应当将保护发展规划草案予以公示，公示时间不少于三十日。

第十四条【保护规划修改】特色村寨保护发展规划经批准后，所在地县级人民政府应当自批准之日起二十日内向社会公布，并报省人民政府住房和城乡建设主管部门备案。所在地县级人民政府应当在特色村寨的公共场所设置展示牌，公示本特色村寨保护发展规划。

经依法批准的特色村寨保护发展规划，不得擅自修改。有下列情形之一确需修改的，应当按照原制定程序编制、报批、公布和备案：

（一）保护范围内的历史文化遗产、环境发生重大变化的；

（二）特色村寨发展定位、发展途径发生变更的；

（三）保护发展规划批准机关认为应当修改的其他情形。

第三章　资金与项目

第十五条【资金支持】县级以上人民政府应当根据特色村寨实际安排保护和发展资金，用于特色村寨普查、抢救与保护、文化传承、基础设施建设及运行维护、产业发展、宣传教育等。

省人民政府应当参照国家对特色村寨保护资金补助政策，对特色村寨予以补助。

第十六条【资金专款专用】投入特色村寨的资金，根据保护和发展规划，由县级人民政府依法按照国家有关规定整合使用。

通过政策性金融机构融资用于改善农村人居环境的资金，应当优先用于特色村寨的保护和发展。

第十七条【政府主导，多元投入】县级以上人民政府应当采取措施，鼓励和引导金融资本和社会资本投入特色村寨保护和发展。

鼓励企业事业单位、社会组织和个人通过捐赠、投资、入股、租赁等方式参与特色村寨保护和发展。

第十八条【村寨项目库实施动态管理】县级以上人民政府应当建立特色村寨保护和发展项目库，对项目进行动态管理，完善项目进入、退出机制。

第十九条【项目预决算制】特色村寨保护和发展项目应当依照传统村落保护和发展规划开展工程设计，按照相关法律、法规的规定实施，严格执行项目投资预算和决算管理。

第二十条【项目资金接受监督】项目实施主体应当在特色村寨所在地公开保护和发展项目的建设规模、内容、投资额、资金来源、施工单位等项目情况，接受社会公众监督。

第四章　保护与利用

第二十一条【防火防灾安全问题】特色村寨所在地县人民政府、乡镇人民政府应当加强消防安全宣传和教育，合理开设防火通道，配备消防设施，做好预防和消除火灾隐患的工作。

第二十二条【村寨环境卫生及保洁制度】特色村寨所在地县人民政府、乡镇人民政府应当加强民族特色村寨环境卫生管理，设立专门的固体废弃物回收点和中转站，对固体废弃物进行统一收集、运输和集中处理。

自治县人民政府、乡镇人民政府应加强对民族特色村寨公共卫生设施的修建，建立保洁制度。

第二十三条【水质保护及处理】特色村寨所在地县应当在民族特色村寨保护规划区内逐步完善排污设施，建设污水处理设施，生活污水和生产污水未达到环境保护和特色村寨保护要求的，不得直接排入江河。

第二十四条【地质地貌保护与管理】特色村寨所在地县人民政府应当加强对特色村寨保护规划区内建筑群周围的地质状态监测和灾害评估，划定矿产资源禁采区，防治山体滑坡、地面塌陷等灾害，确保特色村寨村民的生命、财产安全。

第二十五条【生态保护】特色村寨所在地县人民政府应当加强对特色村寨自然地形地貌、森林植被、水体、自然景观及古迹遗址等自然生态环境的保护；做好植树造林、封山育林、退耕还林工作，保护古树名木、风景林、水源林和防护林。

第二十六条【设置名录标志】特色村寨所在地县相关职能部门应当对特色村寨内具有代表性的街道、建筑物、构筑物、公益活动场所以及古树名木等，建立保护目录，设置保护标志。

第二十七条【与民族特色村寨格局不一致的建筑物处理】特色村寨内已建成的建筑物、构筑物，与特色村寨整体建筑风格不协调的，应当按照特色村寨的规划，逐步进行改造或者迁出，对要求改造或迁出的项目，应当依法给予相应的补偿，需要安置的，依法给予安置。

第二十八条【保护规划区内建筑规范】特色村寨保护规划区内经批准新建、改建、扩建、维修的建筑物、构筑物，在色调、高度、造型等方面应当与村寨整体建筑风格协调一致，鼓励采用原有工艺技术，使用原质或者仿原质材料，保持原有风貌。

第二十九条【周边建筑风格要求】特色村寨保护规划区周边一定距离内不得建设与保护规划区内外观、风格不协调的建筑物，其距离与范围依据特色村寨保护规划予以确定。

第三十条【管线分布管理要求及村寨维修管理】特色村寨内的水管、电线、光缆、闭路电视线、空调机等设施原则上不得外露和架空。道路、给水、排水、垃圾池、垃圾箱等基础设施的外观设计、制作材料等应当与特色村寨传统建筑风格相协调。

重点标志性建筑物需要进行保护性维修、改造的，应当予以支持。

第三十一条【基础建设的保护责任】经批准在特色村寨保护规划区范围内从事建筑和施工工程作业的，施工单位应当制定施工方案，采取有效措施保护人文景观及周围的林木、植被、水体、地貌，不得造成污染和破坏。工程竣工后，施工单位应当及时清理施工场地，恢复植被和环境原貌。

第三十二条【民族特色村寨保护区内禁止从事的行为】特色村寨保护规划区内，禁止从事下列行为：

（一）在木楼区域存放易燃品、爆炸品；

（二）电鱼、毒鱼、炸鱼；

（三）捕杀鸟兽，擅自采伐林木、采挖名贵树种；

（四）乱占土地、擅自开山、采矿、采石、挖沙、取土、修坟；

（五）擅自设置废渣场，在非指定区域倾倒垃圾、堆放垃圾影响当地生态环境；

（六）随意张贴广告、标语和堆放、悬挂有碍特色村寨容貌的相关物品；

（七）破坏特色村寨地貌、危及自然景观及人文景观的其他活动；

（八）法律、法规规定禁止从事的其他行为。

第三十三条【对民族特色文化的普查、收集及保护】特色村寨所在地县人民政府应当组织有关部门，定期对本行政区内特色村寨文物与非物质文化遗产进行普查、认定、收集、整理，并依法予以保护。

第三十四条【人才支持及传承】特色村寨所在地县人民政府应当加强对特色村寨保护与发展研究和管理人才的培养，定期开展健康有益的特色村寨保护与发展的活动。

鼓励民族、文化艺术研究机构、学术团体以及其他组织和个人，从事特色村寨的考察，对民族特色文化进行收集、整理、研究以及交流与合作。

鼓励村民穿戴民族服饰。尊重和保护特色村寨健康有益的民族习俗，传承民族传统文化。

学校应当开设民族文化课，鼓励学校使用汉语和少数民族语言教授民族文化课。

第三十五条【传承人的保护激励】特色村寨所在地县人民政府应当采取有效措施鼓励和支持特色村寨中的民间艺人、工匠开展特色技艺的培训、传承、研究和交流等活动。

第三十六条【开发利用】特色村寨所在地县人民政府鼓励和支持发挥民族特色村寨的特殊优势，在有效保护的基础上，合理开发、利用特色村寨保护规划区范围内的水源、土地、森林、溶洞、山岭、洲岛、湿地、滩涂等自然资源和非物质文化遗产资源。

第三十七条【生态农业开发】特色村寨保护规划区内不得兴建工业企业，确需兴建乡镇、村级农业企业的，应符合生态农业的要求，经农业、环保等主管部门进行评估并出具评估意见，符合条件的依据有关程序办理。

特色村寨所在地县人民政府应当根据本地农业资源和农业环境状况，合理安排和调整农业产业结构，发展生态农业，保护和改善农业生态环境。

鼓励特色村寨村民根据本地农业特点发展民族特色旅游项目。

第三十八条【旅游环保要求】特色村寨开发旅游业以保护为主，以生态环境承载力为前提，旅游景点、线路、项目的确定，应当符合生态环境保护的要求。在保护规划区经营服务性产业的，应当采用有利于保护生态环境的技术、设备和设施。

第三十九条【旅游利益分配】特色村寨的旅游开发，应当遵循政府引导、群众参与的原则，旅游开发规划与计划可以通过乡镇人民政府组织村寨居民、旅游企业、相关领域专家共同参与制订，建立公平合理的利益分配机制，依法保护特色村寨以及村寨居民的合法权益。

第四十条【支持发展特色旅游】县级以上人民政府及有关部门应当支持特色村寨民族民间手工业发展，强化地域特色，创建地理标志品牌；搭建特色村寨文化消费、传播体验交流平台，支持建设民族民间文化、医药保健、康体养生、休闲度假、乡村旅游、高效农业等产业集聚区和旅游休闲基地。

第四十一条【村寨发展互联网的应用】县级以上人民政府及有关部门应当优先建设完善电子政务、电子商务、现代物流、乡村旅游等服务体系，促进特色村寨与互联网深度融合，推动特色村寨保护和发展大数据应用。

第四十二条【引入公司模式对村寨资源开发利用】各级人民政府可以设立国有独资公司、国有资本控股公司，特色村寨所在地的村集体经济组织可以设立集体控股公司，对特色村寨资源进行开发利用。

利用特色村寨资源从事经营活动的，应当尊重村民意愿，并依法对权益分配等事项作出约定。

第四十三条【对旅游、考察等行为的规范】国内外团体、个人在特色村寨从事考察、采风、旅游和其他活动时，应当尊重当地民族的民风民俗，不得损毁特色村寨的自然景观、人文景观和生态环境。

第五章　监督检查

第四十四条【县级以上政府监督职责】县级以上人民政府负责特色村寨保护与发展工作的监督检查，定期组织有关部门和专家对本行政区域内特色村寨的保护与发展情况进行检查与评估。

第四十五条【乡政府监督职责】乡（镇）人民政府应当对特色村寨保护工作进行日常巡查，对巡查中发现的违反保护发展规划的行为，应当依法予以制止，并向县级以上人民政府住房和城乡建设行政主管部门报告。

第四十六条【省政府及住建部门的监督职责】特色村寨经批准公布后，省人民政府住房和城乡建设行政主管部门应当会同有关部门对保护状况和保护发展规划编制及实施情况进行定期检查和跟踪监测。

在定期检查和跟踪监测中，发现存在未及时组织编制保护发展规划、违反保护发展规划开发建设、对传统格局及传统建筑保护不力等问题的，省人民政府住房和城乡建设行政主管部门应当会同有关部门，及时向所在地县级人民政府提出整改意见。

第四十七条【聘请监督员监督】特色村寨所在地县级人民政府应当聘请传统村落保护专家、村（居）民任监督员，对传统村落保护发展规划的实施及村落内建设活动进行监督。

鼓励建立特色村寨保护志愿者服务队伍，引导公众参与特色村寨保护和宣传工作。

第四十八条【特色村寨的动态监督】已批准公布的特色村寨，因保护不力导致传统资源受到严重影响的，由省人民政府住房和城乡建设行政主管部门会同有关部门，责成所在地县级人民政府限期整改，采取补救措施。

整改到期后，由省人民政府住房和城乡建设行政主管部门会同文化（文物）主管部门，组织专家进行审核。审核未通过的，向所在地县级人民政府提出濒危警示通报。

特色村寨破坏情况严重且无法补救的，由特色村寨的批准机关从特色村寨名录中除名并进行通报。

第六章　法律责任

第四十九条【政府的法律责任】地方各级人民政府有下列行为之一的，由上级人民政府责令改正，对直接负责的主管人员和其他直接责任人员，依法给予处分：

（一）未组织编制保护规划的；

（二）未按照法定程序组织编制保护规划的；

（三）擅自修改保护规划的；

（四）未将批准的保护规划予以公布的。

第五十条【国家机关工作人员的法律责任】国家机关工作人员在特

色村寨保护与发展工作中玩忽职守、滥用职权、徇私舞弊，尚未构成犯罪的，由所在单位或者上级行政主管部门依法追究行政责任。构成犯罪的，依法追究刑事责任。

第五十一条【占用防火通道，破坏消防设施的法律责任】严禁单位和个人长期占用消防通道，消防设施，禁止破坏消防通道和消防设施。违者，责令限期改正，并处五万元以下罚款，拒不改正的，强制执行，所需费用由违法行为人承担。

第五十二条【未按规划进行建设的法律责任】未依法经过批准或者未按照批准在民族特色村寨保护规划区内进行施工、建设的，依据《中华人民共和国城乡规划法》的相关规定处理。

第五十三条【保护区建筑景观保护法律责任】违反本法规定，修建与民族特色村寨的风格、色调等不相协调的建筑物或构筑物经改正或治理后仍然对民族特色村寨景区造成景观破坏的，由自治县建设行政主管部门处一千元以上一万元以下罚款。

第五十四条【施工单位破坏环境风貌的法律责任】违反本法规定在作业中造成人文景物及周围的林木、植物、水体、地貌污染和破坏，由相关部门责令采取措施恢复植被和环境原貌，处以一万元以下罚款，经采取措施无法恢复或拒不采取措施的，处以二万元以上十万元以下的罚款。

第五十五条【随意丢弃固体废弃物的法律责任】在民族特色村寨内随意丢弃固体废弃物的，由自治县民族村寨管理机构予以警告，警告后不及时纠正的，处以五十元以上至一千元以下罚款。

第五十六条【在保护规划区禁止从事的行为及法律责任】违反本法第三十二条禁止从事行为规定的，由县级人民政府相关行政主管部门责令停止违法行为，限期改正或者治理，造成危害后果的予以行政处罚。

违反第一项规定在木楼区存放易燃品、爆炸品的，处五百元以上一万元以下罚款。构成犯罪的，依法追究刑事责任。

违反第二项规定电鱼、毒鱼、炸鱼的，由自治县渔业行政主管部门没收工具和违法所得，并处五百元以上一万元以下罚款。构成犯罪的，依法追究刑事责任。

违反第三项规定捕杀鸟兽，擅自采伐林木、采挖名贵树种的，由自治县林业主管部门处以五百元以上一万元以下罚款。构成犯罪的，依法追究刑事责任。

违反第四项规定乱占土地、擅自开山、采矿、采石、挖沙、取土、修坟的，由自治县土地主管部门责令停止违法行为，予以批评教育，限期恢复原状；逾期不改的，处以五百元以上一万元以下罚款。不能恢复的依法赔偿，处一千元以上二万元以下罚款。

违反第五项规定设置废渣场，在非指定区域倾倒垃圾、堆放垃圾造成污染和破坏的，由自治县环境保护主管部门处一千元以上一万元以下罚款。

违反第六项规定随意张贴广告、标语和堆放、悬挂有碍特色村寨容貌的相关物品拒不整改的，由自治县民族村寨管理部门处以五十元以上一千元以下罚款。

违反第七项规定破坏民族特色村寨地貌、危及自然景观及人文景观的，由自治县相关管理部门处以一千元以上五万元以下的罚款。构成犯罪的，依法追究刑事责任。

违反第八项规定依据相应法律、法规规定给予处罚。

第五十七【破坏民族村寨建筑物、文物的法律责任】在民族特色村寨保护规划区内刻画、涂污、损坏民族村寨建筑物、文物以及移动、损坏文物保护设施的，依据《中华人民共和国治安管理处罚法》的相关规定处理。

第五十八【阻碍特色村寨保护行为的法律责任】阻碍民族特色村寨保护区管理人员依法执行公务的，依照《中华人民共和国治安管理处罚法》的相关规定处理；情节严重，构成犯罪的，依法追究刑事责任。

第七章　附　则

第五十九条【施行日期】本法自 × 年 × 月 × 日起施行。

第八章 少数民族特色村寨保护与发展法（草案建议稿）理由说明

第一章 总 则

第一条【立法目的与依据】为保护和发展少数民族特色村寨（下称“特色村寨”），推进少数民族优秀历史文化的传承发展，建设美丽少数民族乡村，根据《中华人民共和国宪法》制定本法。

【说明】本条重点在于保护和发展少数民族特色村寨，并通过现代行政法治手段对民族特色村寨进行管理，符合依法治国，以法治思维和法治方式对民族村寨等民族物质文化与非物质文化予以保护的具体要求。

第二条【基本原则一】特色村寨的保护与发展应当坚持保护优先、突出特色、科学规划、合理利用、兼顾发展的原则，坚持保护与改善村（居）民生产生活相结合，正确处理经济社会发展和特色村寨保护之间的关系。

【说明】本条是对特色村寨的保护与发展应当坚持的基本

原则的规定，对具有一定规模的民族特色村寨予以保护，在保护的基础之上对村寨进行科学、合理的规划，并坚持保护与改善村（居）民生产生活相结合。正确处理经济社会发展和特色村寨保护之间的关系。

《少数民族特色村寨保护与发展规划纲要（2011—2015年）》指出，支持少数民族特色村寨保护与发展，是社会主义新农村、新牧区建设的重要组成部分，是民族工作的重要组成部分，也是保护中华文化多样性的重要举措。做好这项工作，对于促进民族地区经济发展，传承和弘扬少数民族传统文化，增强民族自豪感，提高各民族的凝聚力、向心力，巩固和发展平等、团结、互助、和谐的社会主义民族关系具有重要意义。

第三条【基本原则二】特色村寨的保护与发展应当注重真实性、完整性、延续性。

【说明】该条规定，特色村寨应当整体保护，保持和延续其传统格局和历史风貌，不得改变与其相互依存的自然景观和环境，维护传统村落的原生态，同时应当注重真实性，不得弄虚作假骗取财政帮扶资金。

该条参照了《江西省传统村落保护条例》的第四条规定："传统村落的保护，应当遵循科学规划、整体保护、抢救优先、活态传承、合理利用、兼顾发展、政府主导、社会参与的原则。

传统村落保护应当注重完整性、真实性和延续性，坚持保护与改善村（居）民生产生活相结合，正确处理经济社会发展和历史文化遗产保护的关系。"

第四条【基本原则三】特色村寨保护与发展应坚持政府主导、村民自治、社会参与的原则，应当调动原住村（居）民的积极性、主动性和创造性。

【说明】少数民族特色村寨立法一定要以各民族共同团结奋斗、共同繁荣发展的民族工作为主题，以改善民生为核心，把经济发展、文化传承、生态保护有机结合起来，以特色民居保护和改造为重点，加强基础设施建设，改善人居环境，因此，在立法中一定要确立立法的基本原则。该条立法分别参考了《三江侗族自治县少数民族特色村寨保护与发展条例》第三条、《通道侗族自治县侗族文化村寨保护条例》第三条、《融水苗族自治县少数民族特色村寨保护与发展暂行办法》第二条、《黔东南苗族侗族自治州民族文化村寨保护条例》第四条、《江西省传统村落保护条例》第四条等的规定。具体条文如下：

《三江侗族自治县少数民族特色村寨保护与发展条例》第三条："少数民族特色村寨保护应当坚持立足发展、保护利用，因地制宜、突出特色，科学规划、统筹兼顾，政府主导、社会参与、村民自治的原则。"

《通道侗族自治县侗族文化村寨保护条例》第三条："侗族文化村寨保护应当坚持整体保护、活态传承、合理利用、政府指导、社会参与、村民自治的原则。"

《融水苗族自治县少数民族特色村寨保护与发展暂行办法》第二条："少数民族特色村寨保护与发展，应当坚持立足发展、保护利用，因地制宜、突出特色，科学规划、统筹兼顾，政府主导、社会参与，群众主体、村民自治的原则。"

《黔东南苗族侗族自治州民族文化村寨保护条例》第四条："县级以上人民政府应当把民族文化村寨的规划、保护、建设、管理和利用纳入本级国民经济和社会发展规划。

民族文化村寨坚持保护为主、抢救第一、科学规划、合理利用、政府主导、社会参与的原则。"

《江西省传统村落保护条例》第四条："传统村落的保护，应当遵循科学规划、整体保护、抢救优先、活态传承、合理利用、兼顾发展、政府主导、社会参与的原则。

传统村落保护应当注重完整性、真实性和延续性，坚持保护与改善村（居）民生产生活相结合，正确处理经济社会发展和历史文化遗产保护的关系。"

第五条【政府职责】特色村寨所在地的县（市）级以上人民政府

（下称“县级以上人民政府”）应当将特色村寨保护和发展工作纳入国民经济和社会发展规划以及城乡规划；应当制定特色村寨保护和发展措施，建立协调机制，解决特色村寨保护和发展中的重大问题；应当负责本行政区域内特色村寨的保护、发展的监督管理工作。

乡镇人民政府负责本行政区域内特色村寨保护和发展的具体工作，参与特色村寨保护和发展规划编制并组织实施，指导村民委员会开展特色村寨保护和发展工作，并积极配合有关部门做好特色村寨的保护与发展工作。

【说明】本条是对各级人民政府和民族特色村寨村委会职责的规定。该条参考了《黔东南苗族侗族自治州民族文化村寨保护条例》第七条:“自治州人民政府文化行政主管部门负责自治州民族文化村寨的保护、管理和利用工作。

县级人民政府文化行政主管部门负责本行政区域内民族文化村寨的保护、管理和利用工作。

县级以上人民政府相关行政主管部门按照各自职责，做好民族文化村寨的保护、管理和利用工作。

乡（镇）人民政府负责辖区内民族文化村寨的保护、管理和利用工作。

村民委员会依照本条例规定，负责辖区内民族文化村寨的保护、管理和利用工作。”

同时也参考了《历史文化名城名镇名村保护条例》第五条:“国务院建设主管部门会同国务院文物主管部门负责全国历史文化名城、名镇、名村的保护和监督管理工作。地方各级人民政府负责本行政区域历史文化名城、名镇、名村的保护和监督管理工作。”

第六条【政府部门职责】县级以上人民政府住房和城乡建设行政主管部门负责特色村寨的保护和发展工作。文化（文物）主管部门负责整理历史建筑的历史资料信息，挖掘、评价其历史价值，并协助城乡规划主管部门做好历史建筑的普查调查、申报认定等工作。财政、国土资源、农业、旅游、规划、民族宗教、扶贫开发、民政、环境保护、林业、公安（消防）、发展改革等部门根据各自职责，共同做好特色村寨保护和发展工作。

【说明】本条是对县级以上人民政府部门相关职责的规定。

本条主要参照了《黔东南苗族侗族自治州民族文化村寨保护条例》的下列条文规定：“第五条　县级以上人民政府的财政预算应当安排民族文化村寨的规划、保护、建设、管理和利用专项资金。

鼓励单位和个人赞助、捐赠、投资民族文化村寨保护、建设和利用。

第六条　自治州人民政府应当组织开展民族文化村寨的普查，制定民族文化村寨保护、建设、管理和利用的总体规划。

县级以上人民政府文化、民族事务等行政主管部门，应当负责对民族文化村寨的物质文化、非物质文化进行收集整理、研究和管理，建立民族文化村寨相关资料、数据、影像档案。

第七条　自治州人民政府文化行政主管部门负责自治州民族文化村寨的保护、管理和利用工作。

县级人民政府文化行政主管部门负责本行政区域内民族文化村寨的保护、管理和利用工作。

县级以上人民政府相关行政主管部门按照各自职责，做好民族文化村寨的保护、管理和利用工作。

乡（镇）人民政府负责辖区内民族文化村寨的保护、管理和利用工作。

村民委员会依照本条例规定，负责辖区内民族文化村寨的保护、管理和利用工作。

第八条　县级以上人民政府应当对为民族文化村寨规划、保护、建设、管理和利用作出贡献的单位、个人予以表彰和奖励。

第九条　民族文化村寨的认定，由县级人民政府文化行政主管部门会同相关部门提出方案按程序报县级以上人民政府审定。经批准的民族文化村寨，应当向社会公布。

第十条　县级人民政府建设行政主管部门应当会同相关部门，对民族文化村寨的保护进行规划，划定保护区，明确禁建区和限建区。”

同时也参考了《通道侗族自治县侗族文化村寨保护条例》第四条规定:“自治县人民政府全面负责侗族文化村寨的保护工作。

自治县文化行政主管部门负责侗族文化村寨的保护工作；湖南万佛山侗寨风景名胜区管理处配合做好风景名胜区内侗寨文化村寨的相关管理工作；建设、规划行政主管部门负责侗族文化村寨规划和建设的监督管理工作；其他相关部门按照各自职责做好侗族文化村寨的保护与管理工作。

乡（镇）人民政府负责辖区内侗族文化村寨的保护与管理日常工作。”

第七条【奖励与举报】特色村寨所在地县（市）人民政府对在少数民族特色村寨保护与发展工作中作出突出贡献的组织和个人，应当予以表彰奖励。

任何单位和个人都有权对特色村寨的保护和发展提出意见和建议，有权对破坏、损害特色村寨的行为进行劝阻、举报和控告。

【说明】本条是对少数民族特色村寨保护中作出突出贡献的个人和组织的奖励措施，并对破坏或损害民族特色村寨行为有举报和控告的权利规定。作为民族自治机关，自治县人民政府对民族特色村寨的保护与发展负有管理职责，指导和奖励是管理的具体措施。对于在公益事业中作出突出贡献的组织和个人进行奖励是政府引导和鼓励的重要举措。

民族特色村寨的保护是一项公益事业，需要公众的参与，因此赋予单位和个人对于涉及民族特色村寨违法行为的制止及举报权利有利于强化单位与个人的责任感，对于加强民族特色村寨的保护是一项有利和有益的措施。

本条参考了《历史文化名城名镇名村保护条例》第六条的规定:“县级以上人民政府及其有关部门对在历史文化名城、名镇、名村保护工作中作出突出贡献的单位和个人，按照国家有关规定给予表彰和奖励。”

同时也参考了《通道侗族自治县侗族文化村寨保护条例》第五条的规定：“自治县人民政府应当将侗族文化村寨保护纳入国民经济和社会发展规划，设立侗族文化村寨保护专项资金，用于侗族文化村寨的保护和发展。

自治县人民政府鼓励社会组织和个人通过捐赠、投资等方式，参与侗族文化村寨的保护和利用。

自治县人民政府对侗族文化村寨保护工作作出突出贡献的单位或个人给予表彰和奖励。”

第二章　申报与规划

第八条【申报前置程序】申报特色村寨应当经村民会议或者村民代表会议讨论同意。

【说明】本条款充分尊重了《宪法》与《村民委员会自治法》所确立的村民委员会的自治权力。

参考了《三江侗族自治县少数民族特色村寨保护与发展条例》第六条规定：“列入自治县保护名录的少数民族特色村寨，少数民族人口比例应当不低于30%、总户数不低于30户、特色民居不低于村寨民居50%，并同时具备下列条件之一：

（一）具有特色生态自然景观和民族特色产业的；

（二）主体建筑群具有少数民族特色，布局协调，风格典型的；

（三）民族传统习俗保存完整的；

（四）民族民间传统艺术或者工艺留存完好，至今仍在应用，独具特色的；

（五）保存有与民族传统文化或者重大历史事件、历史名人相关的文物古迹的。

具备前款所述条件的村寨，经村民会议或者村民代表会议讨论同意后，由村民委员会向乡（镇）人民政府提出申请，乡（镇）人民政府初审后上报自治县人民政府，由自治县人民政府组织有关专家进行综合评估后，决定是否将该村寨列入自治县少数民族特色村寨保护名录。

村民委员会向乡（镇）人民政府提出申请时，应当提交村寨基本情况的说明。”

第九条【申报条件】列入保护名录的少数民族特色村寨，少数民族人口比例应当不低于30%、总户数不低于30户、特色民居不低于村寨民居50%，并同时具备下列条件之一：

（一）主体建筑群具有民族特色，历史悠久，布局协调，建筑典型；

（二）传统习俗保存完整、具有民族特色或者地方特点的；

（三）保存有与历史名人、民族历史文化传统或者重大历史事件相关联的文物古迹的；

（四）民间传统艺术或者工艺留存完好，至今仍在应用，独具特色的；

（五）具有特色生态农业或民族特色产业的。

经认定的特色村寨，应当制定名录向社会公布。

特色村寨的申报、评审程序和评定指标，由国务院住房和城乡建设行政主管部门会同有关部门制定。

【说明】本条款设定了民族特色村寨的申报条件及程序。对于民族特色村寨的认定标准参考了《少数民族特色村寨保护与发展规划纲要（2011—2015年）》前言：“少数民族特色村寨是指少数民族人口相对聚居，且比例较高，生产生活功能较为完备，少数民族文化特征及其聚落特征明显的自然村或行政村。

少数民族特色村寨在产业结构、民居式样、村寨风貌以及风俗习惯等方面都集中体现了少数民族经济社会发展特点和文化特色，集中反映了少数民族聚落在不同时期、不同地域、不同文化类型中形成和演变的历史过程，相对完整地保留了各少数民族的文化基因，凝聚了各少数民族文化的历史结晶，体现了中华文明多样性，是传承民族文化的有效载体，是少数民族和民族地区加快发展的重要资源。”

并参考了《黔东南苗族侗族自治州民族文化村寨保护条例》第三条所确定的标准:“本行政区域内，具备下列条件之一的村寨，可以由县级以上人民政府命名为民族文化村寨:(一)历史悠久，布局协调，建筑典型，具有显著民族特色或者地方特点的;(二)传统习俗保存完整、民族风情浓郁、具有民族特色或者地方特点的;(三)与历史名人或者重大历史事件相关联的;(四)具有历史文化传统和生态自然景观的;(五)民间传统艺术或者工艺独具特色的;(六)有纪念意义或者独特文化内涵的。”民族特色村寨不仅是居住村民的生活、居住场所，也是人类在历史发展中留存的宝贵财富，对于民族物质与非物质文化留存完整的村寨，政府应当积极主动采取有效措施予以保护。

还参考了《三江侗族自治县少数民族特色村寨保护与发展条例》第六条的规定:“列入自治县保护名录的少数民族特色村寨，少数民族人口比例应当不低于30%、总户数不低于30户、特色民居不低于村寨民居50%，并同时具备下列条件之一:

(一)具有特色生态自然景观和民族特色产业的;

(二)主体建筑群具有少数民族特色，布局协调，风格典型的;

(三)民族传统习俗保存完整的;

(四)民族民间传统艺术或者工艺留存完好，至今仍在应用，独具特色的;

(五)保存有与民族传统文化或者重大历史事件、历史名人相关的文物古迹的。

具备前款所述条件的村寨，经村民会议或者村民代表会议讨论同意后，由村民委员会向乡(镇)人民政府提出申请，乡(镇)人民政府初审后上报自治县人民政府，由自治县人民政府组织有关专家进行综合评估后，决定是否将该村寨列入自治县少数民族特色村寨保护名录。

村民委员会向乡(镇)人民政府提出申请时，应当提交村寨基本情况的说明。”

第十条【保护规划编制期限】县级人民政府应当自特色村寨名录

公布之日起一年内，编制完成保护和发展规划，并报上一级人民政府审批。

【说明】本条款设定了县级人民政府应当自特色村寨名录公布之日起，在规定年限内完成保护和发展规划，并要报上一级政府审批。

本条参照了《江西省传统村落保护条例》第十五条的规定："传统村落批准公布后，所在地县级人民政府应当自批准公布之日起一年内，组织编制完成传统村落保护发展规划，并报上一级人民政府审批。"

同时也参考了《黔东南苗族侗族自治州民族文化村寨保护条例》第十条的规定："县级人民政府建设行政主管部门应当会同相关部门，对民族文化村寨的保护进行规划，划定保护区，明确禁建区和限建区。"

第十一条【保护规划内容】特色村寨保护发展规划具体包括下列内容：

（一）保护原则、保护内容和保护范围；

（二）核心保护区和建设控制地带的划定；

（三）保护措施和建设控制要求；

（四）保护规划分期实施方案及近期保护项目；

（五）传统格局、不可移动文物、传统建筑、历史环境要素的分类保护要求及措施；

（六）非物质文化遗产保护传承、传播要求；

（七）村寨发展定位及发展途径；

（八）村寨人居环境规划。

【说明】本条款设定确定了特色村寨保护发展规划的具体内容。

本条参照了《江西省传统村落保护条例》第十六条规定："传统村落保护发展规划具体包括下列内容：

（一）保护原则、保护内容和保护范围；

（二）核心保护区和建设控制地带的划定；

（三）保护措施和建设控制要求；

（四）保护规划分期实施方案及近期保护项目；

（五）传统格局、不可移动文物、传统建筑、历史环境要素的分类保护要求及措施；

（六）非物质文化遗产保护传承、传播要求；

（七）村落发展定位及发展途径；

（八）村落人居环境规划。”

第十二条【保护规划编制原则】特色村寨保护发展规划的编制，应当与土地利用总体规划、城乡规划相衔接，处理好保护与发展的关系，合理安排村民住宅建设用地。

传统村落保护发展规划应当与村庄规划的规划范围、基本内容等相衔接。

【说明】本条款规定了特色村寨保护规划编制应遵循的原则。

本条参照了《江西省传统村落保护条例》第十七条规定：“传统村落保护发展规划的编制，应当与土地利用总体规划、城乡规划相衔接，处理好保护与发展的关系，合理安排村民住宅建设用地。

传统村落保护发展规划应当与村庄规划的规划范围、基本内容等相衔接。”

第十三条【保护规划编制程序】特色村寨保护发展规划报送审批前，应当经村（居）民会议或者村民代表会议讨论同意，并通过论证会等方式征求专家意见。所在地县级人民政府应当将有关情况作为报送审批材料。

特色村寨保护发展规划报送审批前，所在地县级人民政府应当将保护发展规划草案予以公示，公示时间不少于三十日。

【说明】本条款规定了特色村寨保护发展规划的具体程序。

本条参照了《江西省传统村落保护条例》第十八条规定：“传统村落保护发展规划报送审批前，应当经村（居）民会议或者村民代表会议讨论同意，并通过论证会等方式征求专家意见。所在地县级人民政府应当将有关情况作为报送审批材料。

传统村落保护发展规划报送审批前，所在地县级人民政府应当将保护发展规划草案予以公示，公示时间不少于三十日。”

第十四条【保护规划修改】特色村寨保护发展规划经批准后，所在地县级人民政府应当自批准之日起二十日内向社会公布，并报省人民政府住房和城乡建设主管部门备案。所在地县级人民政府应当在特色村寨的公共场所设置展示牌，公示本特色村寨保护发展规划。

经依法批准的特色村寨保护发展规划，不得擅自修改。有下列情形之一确需修改的，应当按照原制定程序编制、报批、公布和备案：

（一）保护范围内的历史文化遗产、环境发生重大变化的；

（二）特色村寨发展定位、发展途径发生变更的；

（三）保护发展规划批准机关认为应当修改的其他情形。

【说明】本条款规定了特色村寨保护发展规划不得擅自修改，确需修改的必须符合程序规定。

本条参照了《江西省传统村落保护条例》第十九条规定：“传统村落保护发展规划经批准后，所在地县级人民政府应当自批准之日起二十日内向社会公布，并报省人民政府住房和城乡建设主管部门备案。所在地县级人民政府应当在传统村落的公共场所设置展示牌，公示本传统村落保护发展规划。

经依法批准的传统村落保护发展规划，不得擅自修改。有下列情形之一确需修改的，所在地县级人民政府应当按照原制定程序编制、报批、公布和备案：

（一）保护范围内的历史文化遗产、环境发生重大变化的；

（二）传统村落发展定位、发展途径发生变更的；

（三）经县级以上人民政府评估论证需调整的；

（四）传统村落保护发展规划批准机关认为应当修改的其他情形。”

第三章　资金与项目

第十五条【资金支持】县级以上人民政府应当根据特色村寨实际安

排保护和发展资金，用于特色村寨普查、抢救与保护、文化传承、基础设施建设及运行维护、产业发展、宣传教育等。

省人民政府应当参照国家对特色村寨保护资金补助政策，对特色村寨予以补助。

【说明】本条款规定了特色村寨保护必须有资金的支持，同时也规定了县级人民政府和省级人民政府应对资金的来源方面给予支持。

本条参照了《江西省传统村落保护条例》第五条规定："县级以上人民政府应当将传统村落保护纳入本级国民经济和社会发展规划，所需经费列入本级财政预算，并根据实际安排保护发展资金。

省、设区的市、县（市、区）人民政府应当依照有关规定统筹整合各类财政资金，用于传统村落保护发展规划编制、基础设施建设与维护、传统建筑保护等工作。

鼓励、引导各类金融机构对传统村落保护项目提供信贷支持。"

参考了《三江侗族自治县少数民族特色村寨保护与发展条例》第五条规定："自治县人民政府建立少数民族特色村寨保护名录，对列入保护名录的村寨予以重点保护，在资金上给予扶持。

自治县少数民族特色村寨保护名录应当向社会公布。

自治县人民政府应当积极争取上级有关部门对少数民族特色村寨保护工作给予政策、项目、技术、资金等方面的支持。"

同时还参考了《贵州省传统村落保护和发展条例》第十四条规定："县级以上人民政府应当根据传统村落实际安排保护和发展资金，用于传统村落普查、抢救与保护、文化传承、基础设施建设及运行维护、产业发展、宣传教育等。

省人民政府应当参照国家对中国传统村落保护资金补助政策，对贵州传统村落予以补助。"

第十六条【资金专款专用】投入特色村寨的资金，根据保护和发展规划，由县级人民政府依法按照国家有关规定整合使用。

通过政策性金融机构融资用于改善农村人居环境的资金，应当优先用于特色村寨的保护和发展。

【说明】本条款明确了投入特色村寨保护的资金必须按规定使用。

本条参考了《贵州省传统村落保护和发展条例》第十五条规定："投入传统村落的资金，根据保护和发展规划，由县级人民政府依法按照国家有关规定整合使用。

通过政策性金融机构融资用于改善农村人居环境的资金，应当优先用于传统村落的保护和发展。"

同时也参考了《信阳市传统村落保护条例》第二十六条规定："市、县（区）人民政府应当根据传统村落保护发展规划，安排落实保护经费，列入财政预算。

市、县（区）财政主管部门应当统筹安排国家、省、市涉及传统村落保护的各类资金，支持传统村落保护发展。

市、县（区）人民政府应当建立传统村落保护奖励机制，对保护工作成绩突出的单位和个人给予相应的奖励。

传统村落保护资金应当专款专用。审计、监察等部门应当加强监督。"

第十七条【政府主导，多元投入】县级以上人民政府应当采取措施，鼓励和引导金融资本和社会资本投入特色村寨保护和发展。

鼓励企业事业单位、社会组织和个人通过捐赠、投资、入股、租赁等方式参与特色村寨保护和发展。

【说明】本条款提出特色村寨保护与发展所需的资金应当采用多元化融资渠道筹措。虽然中央财政专项扶贫资金中安排少数民族特色村寨保护与发展资金，并根据需要逐步加大投入力度，各级地方政府安排的资金项目也被要求向少数民族特色村寨保护与发展倾斜，但与此同时，要优化发展环境、制定优惠政策，鼓励、引导、争取企事业单位、社会团体及个人捐助投向少数民族特色村寨建设；鼓励和支持大专院校、科研单位等参与少数民族特色村寨保护与发展的研究和建设；鼓励和支持各类市场主体参加少数民族特色村寨基础设施建设、特色产业发展、旅游开发。《非物质文化遗产法》第九条规定："国家鼓励和支持公民、法人和其他组织参与非物质文化遗产保护工作。”

本条参考了《信阳市传统村落保护条例》第二十七条规定：“县级人民政府可以设立国有独资公司、国有资本控股公司，参与传统村落保护和利用。

乡（镇）人民政府，传统村落所在地的村民委员会可以设立集体经济组织，参与传统村落保护和利用。

传统村落的村民可以以其所有的传统建筑、房屋、资金等入股的方式参与传统村落保护和利用。

鼓励其他经济组织和个人采用出资、捐资、捐赠、设立基金或者租用传统建筑等方式参与传统村落保护和利用。”

也参考了《江西省传统村落保护条例》第十条规定：“县级以上人民政府可以采取以奖代补、民办公助、风险补助等措施，引导社会资本投入传统村落保护。

鼓励自然人、法人和其他组织以捐赠、认领、租赁、投资、提供技术服务等方式，参与传统村落保护。”

同时还参考了《贵州省传统村落保护和发展条例》第十六条规定：“县级以上人民政府应当采取措施，鼓励和引导金融资本和社会资本投入传统村落保护和发展。

鼓励企业事业单位、社会组织和个人通过捐赠、投资、入股、租赁等方式参与传统村落保护和发展。”

第十八条【村寨项目库实施动态管理】县级以上人民政府应当建立特色村寨保护和发展项目库，对项目进行动态管理，完善项目进入、退出机制。

【说明】本条款提出对特色村寨保护和发展建立发展项目库，并对项目库实施动态管理，符合特色村寨项目的纳入项目库，对虽已经进入了项目库的，但是因保护不力导致被列入濒危名单或不具备特色村寨的项目实行退出机制。不是说一旦特色村寨申报成功，就可以一劳永逸，规定退出机制有利于村寨自己进行积极保护。

本条参考了《贵州省传统村落保护和发展条例》第十七条规定："县级以上人民政府应当建立传统村落保护和发展项目库，对项目进行动态管理，完善项目进入、退出机制。"

第十九条【项目预决算制】特色村寨保护和发展项目应当依照传统村落保护和发展规划开展工程设计，按照相关法律、法规的规定实施，严格执行项目投资预算和决算管理。

【说明】本条款明确对特色村寨保护和发展项目应依照传统村落保护和发展规划展开工程设计，并按照相关法律规定严格执行预决算制度和项目管理。

本条参考了《贵州省传统村落保护和发展条例》第十八条规定："传统村落保护和发展项目应当依照传统村落保护和发展规划开展工程设计，按照相关法律、法规的规定实施，严格执行项目投资预算和决算管理。"

第二十条【项目资金接受监督】项目实施主体应当在特色村寨所在地公开保护和发展项目的建设规模、内容、投资额、资金来源、施工单位等项目情况，接受社会公众监督。

【说明】本条款明确对特色村寨的建设等项目实施建设的主体应依法在当地公开该项目的建设规模、内容、投资额、资金来源、施工单位等情况，接受社会监督，其目的是公开透明，让村民知悉。

本条参考了《贵州省传统村落保护和发展条例》第十九条规定："项目实施主体应当在传统村落所在地公开保护和发展项目的建设规模、内容、投资额、资金来源、施工单位等项目情况，接受社会公众监督。"

第四章　保护与利用

第二十一条【防火防灾安全问题】特色村寨所在地县人民政府、乡镇人民政府应当加强消防安全宣传和教育，合理开设防火通道，配备消防设施，做好预防和消除火灾隐患的工作。

【说明】本条款提出，特色村寨所在地的政府应加强消防安全的宣传和教育，同时配备相应消防设施，及时预防和消除火灾隐患。就农村的消防安全问题，《中华人民共和国消防法》第三十二条规定："乡镇人民政府、城市街道办事处应当指导、支持和帮助村民委员会、居民委员会开展群众性的消防工作。村民委员会、居民委员会应当确定消防安全管理人，组织制定防火安全公约，进行防火安全检查。"民族特色村寨大多是木结构建筑，而且建筑物毗连设置、耐火等级低，特色村寨所在地人民政府可以设立专门的消防组织机构，督促和指导本地区村屯消防工作，指导农村居民安全用火、用电、用油、用气。农村建筑物应当符合有关消防安全规定，设置必要的防火灭火设施。已经建成的连接成片的建筑物，应当增设防火设备。

本条参考了《三江侗族自治县少数民族特色村寨保护与发展条例》第十二条规定："少数民族特色村寨应当加强消防安全宣传和教育，做好预防和消除火灾隐患工作。

因消防安全需要对少数民族特色村寨进行改造的，应当尽可能在不破坏村寨原貌的基础上，合理开设防火通道，配备消防设施。

任何组织和个人不得占用、堵塞、封闭消防通道，不得损坏、挪用或者擅自拆除、停用消防设施、器材。"

同时还参考了《贵州省传统村落保护和发展条例》第三十四条规定："各级人民政府应当按照传统村落保护和发展规划，依法做好传统村落消防安全工作。

确因传统村落保护需要，消防设施、消防通道等达不到消防安全要求的，县级人民政府公安机关、消防机构应当指导村民委员会制定相应的防火安全保障方案及措施。

村民委员会应当加强消防管理和宣传教育，完善消防制度，建立健全群众性消防组织。"

第二十二条【村寨环境卫生及保洁制度】特色村寨所在地县人民政

府、乡镇人民政府应当加强民族特色村寨环境卫生管理，设立专门的固体废弃物回收点和中转站，对固体废弃物进行统一收集、运输和集中处理。

自治县人民政府、乡镇人民政府应加强对民族特色村寨公共卫生设施的修建，建立保洁制度。

【说明】民族村寨大多处于偏远山区，垃圾处理成为威胁村寨环境的一个突出问题，也是当地环保部门提出需要通过立法予以解决的重点问题。因此本条文提出需要政府出面加强环境卫生的管理，设立固体垃圾回收点和中转站，不能就地处理，政府在这里需要履行指导和资金帮扶的职责。

本条款参考了《广西壮族自治区漓江流域生态环境保护条例》第三十三条："漓江流域县级人民政府应当建设固体废弃物处置设施，加强固体废弃物排放管理，建设标准化垃圾处理厂（场），对城镇垃圾进行统一收集、集中处理，实现生活垃圾处理减量化、无害化和资源化。"《黔东南苗族侗族自治州民族文化村寨保护条例》第三十条："民族文化村寨应当加强环境卫生管理，设置垃圾场、垃圾箱，修建公厕等卫生设施，建立保洁制度，保持村容整洁、卫生、美观。"《贵州省传统村落保护和发展条例》第三十八条："各级人民政府应当优先建设传统村落道路、供水、供电、通信、绿化、公共照明、生活垃圾污水处理等基础设施和教育、文化、体育、卫生计生、邮政、公交、养老、农村社区服务等公共服务设施。"《三江侗族自治县少数民族特色村寨保护与发展条例》第十五条："自治县人民政府、乡（镇）人民政府应当加强少数民族特色村寨保护规划区内环境卫生管理工作，加大公共卫生设施建设力度，对垃圾进行统一收集、运输和集中处理。村民委员会应当组织制定有关保持村寨环境清洁的村规民约，并督促村民遵守执行。"

第二十三条【水质保护及处理】特色村寨所在地县应当在民族特色村寨保护规划区内逐步完善排污设施，建设污水处理设施，生活污水和生产污水未达到环境保护和特色村寨保护要求的，不得直接排入江河。

【说明】洁净的水资源既是生命的源泉，也是优美环境中不可缺少的元素，早先的村民考虑到实际的生活问题，因此民族村寨总会在有水的地方搭建。我国对于水污染问题有专门的立法，如《水污染防治法》《环境保护法》等。

本条参考了《广西壮族自治区漓江流域生态环境保护条例》第三十二条："漓江流域县级人民政府所在城镇应当建设生活污水处理厂，加强城镇污水接收管网建设，实现城镇污水的达标排放。乡镇、村庄、农（林）场应当建设污水处理设施，其生活污水和生产污水不得直接排入河流。"《黔东南苗族侗族自治州民族文化村寨保护条例》第三十一条："民族文化村寨应当加强饮用水源的保护，生活饮用水应当进行净化处理，保证饮水安全。逐步完善村寨的排污设施，保持水体洁净和水质卫生。"

第二十四条【地质地貌保护与管理】特色村寨所在地县人民政府应当加强对特色村寨保护规划区内建筑群周围的地质状态监测和灾害评估，划定矿产资源禁采区，防治山体滑坡、地面塌陷等灾害，确保特色村寨村民的生命、财产安全。

【说明】少数民族村寨往往属于山区，地质条件复杂，因此必须加强对于民族特色村寨规划区内的地质状态的监测，以防范地质灾害，另外如果在规划区内或者附近进行矿产资源的开发，势必会直接影响其地质结构造成山体滑坡或地陷等地质灾害。本条参考了《贵州省传统村落保护和发展条例》第三十五条规定："县级以上人民政府应当组织国土资源、住房和城乡建设等部门开展传统村落地质灾害隐患排查，及时治理传统村落地质灾害隐患。"

第二十五条【生态保护】特色村寨所在地县人民政府应当加强对特色村寨自然地形地貌、森林植被、水体、自然景观及古迹遗址等自然生态环境的保护；做好植树造林、封山育林、退耕还林工作，保护古树名木、风景林、水源林和防护林。

【说明】民族特色村寨的人文景观与村寨所依托的自然景观是不可分割的，两者必须同时保护，本条参考了《黔东南苗族侗族自治州民族文化村寨保护条例》第二十八条："加强对民族文化村寨自然地形地貌、森林植被、水体、自然景观及古迹遗址等自然生态环境的保护。"第二十九条："民族文化村寨应当加强植树造林、封山育林、退耕还林还草工作，保护古树名木、风景林和水源涵养林。"对于民族特色村寨整体环境的保护并不是要禁止所有的开发和利用，在确保民族特色村寨及周边生态环境安全的前提下可以合理地开发利用自然资源，合理开发利用的标准要依据专门编制的民族特色村寨保护规划的内容来确定。本条参照了《风景名胜区条例》第十三条："风景名胜区总体规划的编制，应当体现人与自然和谐相处、区域协调发展和经济社会全面进步的要求，坚持保护优先、开发服从保护的原则，突出风景名胜资源的自然特性、文化内涵和地方特色。"《广西壮族自治区漓江流域生态环境保护条例》第四十八条：" 开发利用漓江流域生态环境保护范围内的水、土地、森林、溶洞、山岭、洲岛、湿地、滩涂等自然资源，应当符合漓江流域生态环境保护规划。"

第二十六条【设置名录标志】特色村寨所在地县相关职能部门应当对特色村寨内具有代表性的街道、建筑物、构筑物、公益活动场所以及古树名木等，建立保护目录，设置保护标志。

【说明】对民族特色村寨具有代表性的街道、建筑物、构筑物、公益活动以及生长于民族特色村寨规划区内的古树名木设立保护目录及保护标志是一项重要的保护措施，有利于动态观测它们的状态，并有针对性予以保护。本条依据与参考了《城市绿化条例》第二十四条规定："对城市古树名木实行统一管理，分别养护。城市人民政府城市绿化行政主管部门，应当建立古树名木的档案和标志，划定保护范围，加强养护管理。在单位管界内或者私人庭院内的古树名木，由该单位或者居民负责养护，城市人民政府城市绿化行政主管部门负责监督和技术指导。”

也参考了《黔东南苗族侗族自治州民族文化村寨保护条例》第十一条：“民族文化村寨内具有代表性的街道、建筑物、构筑物、公益活动场所和古树名木等应当设置标识。”

还参考了《三江侗族自治县少数民族特色村寨保护与发展条例》第二十一条规定：“自治县人民政府建设行政主管部门应当对少数民族特色村寨保护规划区内具有代表性的街道、建筑物、构筑物、公共活动场所、古树名木等进行登记，设置保护标志。”

第二十七条【与民族特色村寨格局不一致的建筑物处理】特色村寨内已建成的建筑物、构筑物，与特色村寨整体建筑风格不协调的，应当按照特色村寨的规划，逐步进行改造或者迁出，对要求改造或迁出的项目，应当依法给予相应的补偿，需要安置的，依法给予安置。

【说明】本条例制定的一大目的就在于对于目前呈连片状态具有一定规模的民族村寨特色建筑的整体风貌进行保护，就当前实际情况看，在民族村寨中一些村民已经建成了一些砖混结构的楼房，与民族村寨的风格迥异，破坏了整体建筑风貌。面对此类情况，可以对建好的住房予以改造，如在外墙面贴上木板，使其与吊脚木楼的整体风格协调，或者是将其迁出。本条参考了《黔东南苗族侗族自治州民族文化村寨保护条例》第十七条：“民族文化村寨保护区内已建成的建筑物、构筑物，与民族文化村寨建筑风格不协调的，应当按照民族文化村寨的规划，逐步进行改造或者迁出。”同时也参考了《三江侗族自治县少数民族特色村寨保护与发展条例》第十一条：“少数民族特色村寨保护规划区范围内，已建成的建筑物、构筑物与村寨整体建筑风格不协调、不一致的，应当按照保护规划逐步进行改造或者迁出，自治县人民政府应当依法给予相应补偿。”

第二十八条【保护规划区内建筑规范】特色村寨保护规划区内经批准新建、改建、扩建、维修的建筑物、构筑物，在色调、高度、造型等方面应当与村寨整体建筑风格协调一致，鼓励采用原有工艺技术，使用原质或者仿原质材料，保持原有风貌。

【说明】本条规定对于民族特色村寨保护规划区的建筑布局提出了原则性的规范，其建筑跨度、跨径和高度属于详细性规划的范畴。因民族特色村寨大多在山区，地形复杂，不同地域及地区有着不同的要求，难以在本条例中统一规范，因此做了授权性处理，授权由自治县人民政府制定或者由自治县人民政府授权工作部门制定，本条的立法依据为《城乡规划法》第二十一条："城市、县人民政府城乡规划主管部门和镇人民政府可以组织编制重要地块的修建性详细规划。修建性详细规划应当符合控制性详细规划。"

《村庄和集镇规划建设管理条例》第二十一条："在村庄、集镇规划区内，凡建筑跨度、跨径或者高度超出规定范围的乡（镇）村企业、乡（镇）村公共设施和公益事业的建筑工程，以及2层（含2层）以上的住宅，必须由取得相应的设计资质证书的单位进行设计，或者选用通用设计、标准设计。

跨度、跨径和高度的限定，由省、自治区、直辖市人民政府或者其授权的部门规定。"

还参考了《三江侗族自治县少数民族特色村寨保护与发展条例》第十条"少数民族特色村寨保护规划区内的吊脚楼、鼓楼、寨门、戏台、风雨桥、踩歌堂、竞技场等建筑物及场所，应当加以保护、修缮，保持完好。

在保护规划区内新建、改建、扩建、维修建筑物、构筑物，应当符合保护规划规定的建设控制要求和节约资源、防御灾害的要求，保持村寨原有风貌、地方特色和民族风格。

在保护规划区内进行建筑工程施工的，开工前应当依法办理施工许可证。经依法批准的，施工单位应当制定施工方案，采取有效措施保护人文景观及周围的植被、水体、地貌，不得造成污染和破坏；工程竣工后，施工单位应当及时清理施工场地，恢复原状。"

第二十九条【周边建筑风格要求】特色村寨保护规划区周边一定距

离内不得建设与保护规划区内外观、风格不协调的建筑物，其距离与范围依据特色村寨保护规划予以确定。

【说明】民族特色村寨保护中对其外在风貌的保护是其重要的内容之一，如果仅在规划区内要求建筑物的风格协调一致，而对周边的建筑不做限制，仍旧会影响到民族特色村寨的整体风貌效果。因此应当对保护规划区周边一定距离及范围内的建筑进行限定，但是由于地貌环境的差异，这里的周边难以在条例中统一确定一个界限，所以对于各个民族特色村寨周边限制的范围和距离，将通过制定民族特色村寨保护规划中的详细控制性规划来落实。本条款借鉴了《广西壮族自治区漓江流域生态环境保护条例》第四十九条："建设项目应当符合漓江流域生态环境保护规划。不符合规划的，不得批准建设。

漓江干流河道管理范围两侧一百米以内不得新建、扩建建筑物。其中在漓江风景名胜区的建设应当按照漓江风景名胜区总体规划执行，河道管理范围两侧可视范围以内不得新建、扩建建筑物。但农业灌溉设施、生态环境保护设施、航道设施以及新建、扩建港口设施除外。"

第三十条【管线分布管理要求及村寨维修管理】特色村寨内的水管、电线、光缆、闭路电视线、空调机等设施原则上不得外露和架空。道路、给水、排水、垃圾池、垃圾箱等基础设施的外观设计、制作材料等应当与特色村寨传统建筑风格相协调。

重点标志性建筑物需要进行保护性维修、改造的，应当予以支持。

【说明】民族特色村寨作为有一定规模的建筑群，整体的形象是至关重要的，在调研中有一些村寨对通往村寨的电线电缆线进行了一定的处理，取得了较好的视觉效果，保证了民族特色村寨外观的美化和整体环境的协调。本条参考了《黔东南苗族侗族自治州民族文化村寨保护条例》第十八条："民族文化村寨内的水管、电线、电话线、闭路电视线等设施应当与整体风貌相协调。道路、给水、排水、垃圾池、垃圾箱等基础设施的外观设计、制作材料应当与民族文化村寨传统建筑风格相协调。"第二十条："民族文化村寨的建筑物、构筑物的维修、改造、修建，由产权人负责。对重点民居、街坊、院落、标志性建筑物等进行保护性维修、改造，当地人民政府应当予以支持。”

同时还参考了《贵州省传统村落保护和发展条例》第二十五条：“传统村落保护范围内新建、改建基础设施和公共服务设施，应当符合保护和发展规划，不得破坏传统格局和风貌。”

第三十一条【基础建设的保护责任】经批准在特色村寨保护规划区范围内从事建筑和施工工程作业的，施工单位应当制定施工方案，采取有效措施保护人文景观及周围的林木、植被、水体、地貌，不得造成污染和破坏。工程竣工后，施工单位应当及时清理施工场地，恢复植被和环境原貌。

【说明】对民族特色村寨必须采取严格的保护措施，保护建筑物及周围的林木、植被、水体、环境等人文景观和自然风光，实现人与自然的和谐，走可持续发展的道路。本条规定参照了《风景名胜区条例》第三十条：“风景名胜区内的建设项目应当符合风景名胜区规划，并与景观相协调，不得破坏景观、污染环境、妨碍游览。

在风景名胜区内进行建设活动的，建设单位、施工单位应当制定污染防治和水土保持方案，并采取有效措施，保护好周围景物、水体、林草植被、野生动物资源和地形地貌。”还参考了《三江侗族自治县少数民族特色村寨保护与发展条例》第十条：“少数民族特色村寨保护规划区内的吊脚楼、鼓楼、寨门、戏台、风雨桥、踩歌堂、竞技场等建筑物及场所，应当加以保护、修缮，保持完好。

在保护规划区内新建、改建、扩建、维修建筑物、构筑物，应当符合保护规划规定的建设控制要求和节约资源、防御灾害的要求，保持村寨原有风貌、地方特色和民族风格。

在保护规划区内进行建筑工程施工的，开工前应当依法办理施工许可证。经依法批准的，施工单位应当制定施工方案，采取有效措施保护人文景观及周围的植被、水体、地貌，不得造成污染和破坏；工程竣工后，施工单位应当及时清理施工场地，恢复原状。”

第三十二条【民族特色村寨保护区内禁止从事的行为】特色村寨保护规划区内，禁止从事下列行为：

（一）在木楼区域存放易燃品、爆炸品；

（二）电鱼、毒鱼、炸鱼；

（三）捕杀鸟兽，擅自采伐林木、采挖名贵树种；

（四）乱占土地、擅自开山、采矿、采石、挖沙、取土、修坟；

（五）擅自设置废渣场，在非指定区域倾倒垃圾、堆放垃圾影响当地生态环境；

（六）随意张贴广告、标语和堆放、悬挂有碍特色村寨容貌的相关物品；

（七）破坏特色村寨地貌、危及自然景观及人文景观的其他活动；

（八）法律、法规规定禁止从事的其他行为。

【说明】本条是对直接危及民族特色村寨自身安全及威胁到民族村寨规划保护区生态环境的行为所列举的禁止性条款，所列的禁止性行为都是能直接造成危害的危险性行为。本条款参照了《风景名胜区条例》第二十六条："在风景名胜区内禁止进行下列活动：（一）开山、采石、开矿、开荒、修坟立碑等破坏景观、植被和地形地貌的活动；（二）修建储存爆炸性、易燃性、放射性、毒害性、腐蚀性物品的设施；（三）在景物或者设施上刻划、涂污；（四）乱扔垃圾。"

《黔东南苗族侗族自治州民族文化村寨保护条例》第三十三条："民族文化村寨保护区内，不得有下列行为：（一）设置废渣场；（二）乱占土地、取土、烧窑、采石、挖沙、采矿、葬坟；（三）砍伐林木、捕杀鸟兽；（四）电鱼、毒鱼、炸鱼；（五）随意张贴广告、标语和堆放、悬挂有碍村寨容貌的物品；（六）其他破坏或者影响民族文化村寨景观和环境保护的行为。"

同时还参考了《三江侗族自治县少数民族特色村寨保护与发展条例》第十六条："在少数民族特色村寨保护规划区内，不得从事下列行为：

（一）在木楼区域存放易燃性、爆炸性危险物质；

（二）电鱼、毒鱼、炸鱼；

（三）擅自采伐林木、采挖树兜树木；

（四）乱占土地，擅自开山、采矿、采石、挖沙、取土、修坟；

（五）在非指定区域倾倒垃圾、堆放垃圾；

（六）随意张贴广告、标语，堆放、悬挂有碍特色村寨容貌的相关物品；

（七）刻划、涂污、损坏建筑物、文物，移动、损坏文物保护设施；

（八）违反法律、法规规定的其他行为。”

第三十三条【对民族特色文化的普查、收集及保护】特色村寨所在地县人民政府应当组织有关部门，定期对本行政区内特色村寨文物与非物质文化遗产进行普查、认定、收集、整理，并依法予以保护。

【说明】保护民族特色村寨，需要对民族特色村寨进行普查、认定以及对民族特色文化相关的资料收集与整理。本条参照了《非物质文化遗产法》第十二条："文化主管部门和其他有关部门进行非物质文化遗产调查，应当对非物质文化遗产予以认定、记录、建档，建立健全调查信息共享机制。

文化主管部门和其他有关部门进行非物质文化遗产调查，应当收集属于非物质文化遗产组成部分的代表性实物，整理调查工作中取得的资料，并妥善保存，防止损毁、流失。其他有关部门取得的实物图片、资料复制件，应当汇交给同级文化主管部门。”

本条是对自治县人民政府对依托于民族特色村寨的文物进行保护的规范，立法依据为《文物保护法》第九条第一、二款的规定："各级人民政府应当重视文物保护，正确处理经济建设、社会发展与文物保护的关系，确保文物安全。

基本建设、旅游发展必须遵守文物保护工作的方针，其活动不得对文物造成损害。”

第十条第一款："国家发展文物保护事业。县级以上人民政府应当将文物保护事业纳入本级国民经济和社会发展规划，所需经费列入本级财政预算。"

民族特色村寨是民族居民聚居在一起的生活据点，它是一个集民族特色建筑与民族特色文化于一体的民族生态群落，因此保护民族特色村寨不仅仅是保护建筑的外观，更需要与民族的内涵，即民族文化一体化保护。本条是为了保护和传承依托于民族特色村寨的文化，根据民族村寨特点而定立的，其立法依据为《广西壮族自治区民族民间传统文化保护条例》第十三条："县级以上人民政府应当及时组织抢救濒危、有重要价值的民族民间传统文化。

县级以上人民政府文化行政部门应当对重要的民族民间传统文化资料进行系统整理，根据需要选编出版，并采用先进技术长期保存重要的民族民间传统文化资料、实物。

抢救、整理、出版民族民间传统文化资料，应当尊重民族风俗习惯，保持其原有内涵和风貌。"

参考了《黔东南苗族侗族自治州民族文化村寨保护条例》第二十五条第一款的规定："县级以上文化行政主管部门应当会同有关部门组织对民族文化村寨的民族服饰制作工艺、民歌、音乐、乐器、美术工艺、传统建筑技术、传统节日程序、代表性的习俗、有价值的民间文学、楹联、典籍、契约、碑碣、艺术品等进行收集、整理、研究，建立文字资料和影像资料。形成的相关资料由县级以上民族文化博物馆收藏、管理或者档案馆保存。"

对于民族特色村寨中所留存的非物质文化，需要自治县政府通过调查、挖掘整理，并依据《广西壮族自治区民族民间传统文化保护条例》的规定进行保护，属于非物质文化遗产的，依据《非物质文化遗产法》的规定进行保护。

《非物质文化遗产法》第十一条："县级以上人民政府根据非物质文化遗产保护、保存工作需要，组织非物质文化遗产调查。非物质文化遗产调查由文化主管部门负责进行。

县级以上人民政府其他有关部门可以对其工作领域内的非物质文化遗产进行调查。”

第十八条：“国务院建立国家级非物质文化遗产代表性项目名录，将体现中华民族优秀传统文化，具有重大历史、文学、艺术、科学价值的非物质文化遗产项目列入名录予以保护。

省、自治区、直辖市人民政府建立地方非物质文化遗产代表性项目名录，将本行政区域内体现中华民族优秀传统文化，具有历史、文学、艺术、科学价值的非物质文化遗产项目列入名录予以保护。”

民族特色村寨的特色文化融合民族物质文化与非物质文化于其中，作为地方政府负有对于特色文化宣传和保护的职能。本条立法参照《非物质文化遗产法》第八条：“县级以上人民政府应当加强对非物质文化遗产保护工作的宣传，提高全社会保护非物质文化遗产的意识。”

还参考了《三江侗族自治县少数民族特色村寨保护与发展条例》第十七条：“自治县人民政府应当组织有关部门，定期对少数民族特色村寨的文物和非物质文化遗产进行普查、认定、挖掘、收集、整理，并依法予以保护。

鼓励民族文化艺术研究机构、学术团体以及其他组织和个人对少数民族特色村寨的民族传统文化、技艺进行收集、整理、研究，开展交流与合作。”

第三十四条【人才支持及传承】特色村寨所在地县人民政府应当加强对特色村寨保护与发展研究和管理人才的培养，定期开展健康有益的特色村寨保护与发展的活动。

鼓励民族、文化艺术研究机构、学术团体以及其他组织和个人，从事特色村寨的考察，对民族特色文化进行收集、整理、研究以及交流与合作。

鼓励村民穿戴民族服饰。尊重和保护特色村寨健康有益的民族习俗，传承民族传统文化。

学校应当开设民族文化课，鼓励学校使用汉语和少数民族语言教授民族文化课。

【说明】《民族区域自治法》第三十八条：“民族自治地方的自治机关自主地发展具有民族形式和民族特点的文学、艺术、新闻、出版、广播、电影、电视等民族文化事业，加大对文化事业的投入，加强文化设施建设，加快各项文化事业的发展。

民族自治地方的自治机关组织、支持有关单位和部门收集、整理、翻译和出版民族历史文化书籍，保护民族的名胜古迹、珍贵文物和其他重要历史文化遗产，继承和发展优秀的民族传统文化。”

《非物质文化遗产法》第三十三条：“国家鼓励开展与非物质文化遗产有关的科学技术研究和非物质文化遗产保护、保存方法研究，鼓励开展非物质文化遗产的记录和非物质文化遗产代表性项目的整理、出版等活动。”

民族服装是少数民族在特定的社会生活及自然环境中发展形成的，符合民族的生活习惯和审美观念的服饰，也是民族文化较为鲜明的标识。通过立法来保护民族服装的传承是依靠法制手段保护民族文化的较好方式。本条立法依据为《民族区域自治法》第三十七条第三款：“招收少数民族学生为主的学校（班级）和其他教育机构，有条件的应当采用少数民族文字的课本，并用少数民族语言讲课；根据情况从小学低年级或者高年级起开设汉语文课程，推广全国通用的普通话和规范汉字。”

参考了《景宁畲族自治县民族民间文化保护条例》第二十一条：“自治县文化行政部门应当积极组织开展多种形式的民族民间文化展示、交流活动。

教育行政部门应当将畲族文化历史和特色民间文化编入地方教材。学校应当开展民族民间文化教育。民族学校应当开设畲语辅导课。

民族事务部门应当组织编写畲族语言读本，定期举办畲语培训班。旅游和对外接待的工作人员应当接受畲语培训。

自治县公共传媒机构应当积极做好民族民间文化的传播工作。自治县广播电视台应当开设畲语节目。

提倡服务行业工作人员工作时间穿戴畲族服饰。提倡自治县公民在重大节庆活动和节日穿戴畲族服饰。”

参考了《黔东南苗族侗族自治州民族文化村寨保护条例》第二十二条:“民族文化村寨的民族服饰传承，应当保持原有特征。鼓励穿戴民族服饰参加节日活动。

民族文化村寨的中、小学校应当开设民族文化课程。”

还参考了《三江侗族自治县少数民族特色村寨保护与发展条例》第十九条:“自治县人民政府文化行政主管部门应当通过报刊、电视、网络等媒体加强少数民族特色村寨文化的宣传，定期开展有利于少数民族特色村寨保护与发展的宣传教育活动。

鼓励少数民族特色村寨村民穿戴民族服饰。尊重少数民族特色村寨的传统习俗，支持、引导开展三月三、抢花炮、斗牛等健康有益的民族节庆、祭祀、竞技活动。”

第三十五条【传承人的保护激励】特色村寨所在地县人民政府应当采取有效措施鼓励和支持特色村寨中的民间艺人、工匠开展特色技艺的培训、传承、研究和交流等活动。

【说明】本条是贯彻《广西壮族自治区民族民间传统文化保护条例》，保护与传承三江侗族自治县依托于民族特色村寨的民族传统文化的条款，立法依据为《广西壮族自治区民族民间传统文化保护条例》第八条:“加强民族民间传统文化研究与管理人才的培养，鼓励社会组织和个人从事民族民间传统文化保护工作，促进国内外民族民间传统文化的交流与合作。”还参考了《三江侗族自治县少数民族特色村寨保护与发展条例》第十八条:“自治县人民政府应当采取有效措施鼓励和支持少数民族特色村寨的民间艺人、工匠开展民族传统技艺的培训、研究和交流等活动，培养传承人。”

第三十六条【开发利用】特色村寨所在地县人民政府鼓励和支持发

挥民族特色村寨的特殊优势，在有效保护的基础上，合理开发、利用特色村寨保护规划区范围内的水源、土地、森林、溶洞、山岭、洲岛、湿地、滩涂等自然资源和非物质文化遗产资源。

【说明】民族特色村寨的人文景观与村寨所依托的自然景观是不可分割的，两者必须同时保护，本条立法参考了《黔东南苗族侗族自治州民族文化村寨保护条例》第二十八条："加强对民族文化村寨自然地形地貌、森林植被、水体、自然景观及古迹遗址等自然生态环境的保护。"对于民族特色村寨整体环境的保护并不是要禁止所有的开发和利用，而是在确保民族特色村寨及周边生态环境安全的前提下合理地开发利用自然资源，合理开发利用的标准要依据专门编制的民族特色村寨保护规划的内容来确定。本条参照了《风景名胜区条例》第十三条第一款："风景名胜区总体规划的编制，应当体现人与自然和谐相处、区域协调发展和经济社会全面进步的要求，坚持保护优先、开发服从保护的原则，突出风景名胜资源的自然特性、文化内涵和地方特色。"《广西壮族自治区漓江流域生态环境保护条例》第四十八条："开发利用漓江流域生态环境保护范围内的水、土地、森林、溶洞、山岭、洲岛、湿地、滩涂等自然资源，应当符合漓江流域生态环境保护规划。"

还参考了《三江侗族自治县少数民族特色村寨保护与发展条例》第二十条："自治县人民政府、乡（镇）人民政府鼓励和支持村民委员会、企事业单位、社会组织、个人在有效保护少数民族特色村寨的前提下，依法开发、利用少数民族特色村寨保护规划区内的自然资源和非物质文化遗产，发展特色生态产业、休闲旅游产业和民族文化产业。"

第三十七条【生态农业开发】特色村寨保护规划区内不得兴建工业企业，确需兴建乡镇、村级农业企业的，应符合生态农业的要求，经农业、环保等主管部门进行评估并出具评估意见，符合条件的依据有关程序办理。

特色村寨所在地县人民政府应当根据本地农业资源和农业环境状况，合理安排和调整农业产业结构，发展生态农业，保护和改善农业生态环境。

鼓励特色村寨村民根据本地农业特点发展民族特色旅游项目。

【说明】在立法调研中，我们看到三江侗族自治县境内具有民族特色的村寨开展了很多以其特色农业为龙头的活动，如高友侗寨的“韭菜节”，以种植绿色无污染的韭菜为主打结合当地民族的风俗开展的一项旅游活动，由此我们看到民族特色村寨发展具有自身特点的生态农业不仅可以保护当地生态环境，还能开展民族特色旅游项目，除此之外少数民族特色村寨还利用有利的自然条件种植茶叶、蘑菇，生产茶油、米酒、农家腊肉等特色生态农产品等。在《少数民族特色村寨保护与发展规划纲要（2011—2015年）》中也提出：“保护少数民族特色村寨的特有品种资源，大力发展绿色无污染的原产地‘名、优、特’农牧产品，大力发展特色农副产品、畜产品深加工，扩大生产规模，促进产业化。保护具有民族特色的传统生产技艺，充分挖掘少数民族生产生活习俗等特色资源，扶持和发展家户小作坊，积极生产具有民族特色、地域特色的传统手工艺品、食品、旅游纪念品。”

《农产品质量安全法》第二十条对农业行政部门的技术指导职能也做了规定：“国务院农业行政主管部门和省、自治区、直辖市人民政府农业行政主管部门应当制定保障农产品质量安全的生产技术要求和操作规程。县级以上人民政府农业行政主管部门应当加强对农产品生产的指导。”

参考了《通道侗族自治县侗族文化村寨保护条例》第二十一条：“自治县人民政府鼓励单位和个人在有效保护侗族文化村寨的前提下，合理利用侗族文化村寨内的自然资源和文化遗产，发展民族文化产业、特色生态产业和休闲旅游产业。”

还参考了《融水苗族自治县少数民族特色村寨保护与发展暂行办法》第二十条：“自治县人民政府、乡（镇）人民政府鼓励和支持村民委员会、企事业单位、社会组织、个人在有效保护少数民族特色村寨的前提下，依法开发、利用少数民族特色村寨保护规划区内的自然资源和非物质文化遗产，发展特色生态产业、休闲旅游产业和民族文化产业。”

也参考了《贵州省传统村落保护和发展条例》第四十二条：“在延续传统生产生活方式的基础上，支持传统村落发展特色种植养殖、农产品加工、休闲观光、创意农业等，拓展农业多种功能，促进产业融合发展。

政府资金扶持的产业发展项目应当向传统村落倾斜。”

第三十八条【旅游环保要求】特色村寨开发旅游业以保护为主，以生态环境承载力为前提，旅游景点、线路、项目的确定，应当符合生态环境保护的要求。在保护规划区经营服务性产业的，应当采用有利于保护生态环境的技术、设备和设施。

【说明】民族特色村寨应当以保护为主，保护和开发相结合，因此必须合理有度地开发，《少数民族特色村寨保护与发展规划纲要（2011—2015年）》在其基本原则中强调要“立足发展、保护利用。少数民族特色村寨既是保护对象更是发展资源，要通过挖掘利用少数民族村寨特有的文化生态资源，促进群众增收，带动少数民族优秀传统文化的保护和传承，做到在发展中保护，在保护中发展，走出一条有特色、可持续的发展路子”。本条参考了《广西壮族自治区漓江流域生态环境保护条例》第五十六条：“漓江流域发展旅游业应当以生态环境承载力为前提，旅游景点、线路、项目的确定，应当符合漓江流域生态环境保护的要求。漓江流域经营餐饮、娱乐、宾馆等服务性企业，应当采用节能、节水、节材和有利于保护生态环境的技术、设备和设施。”

第三十九条【旅游利益分配】特色村寨的旅游开发，应当遵循政府引导、群众参与的原则，旅游开发规划与计划可以通过乡镇人民政府组织村寨居民、旅游企业、相关领域专家共同参与制订，建立公平合理的利益分配机制，依法保护特色村寨以及村寨居民的合法权益。

【说明】《少数民族特色村寨保护与发展规划纲要（2011—2015年）》提出要建立起政府主导、社会参与的体制。把特色村寨保护与发展纳入当地经济社会发展总体规划，充分发挥政府在少数民族特色村寨建设中的主导作用，整合各方资源，同时发挥好市场机制的作用，广泛动员社会力量参与少数民族特色村寨的保护与发展。村寨的村民居民是旅游开发的主力军，也应当是旅游开发的受益者，因此必须要建立公平合理的利益分配机制，形成保护就能获益的机制，这样才能激发村民自觉、自发地投入到民族特色村寨的保护行动中来。

参考了《贵州省传统村落保护和发展条例》第四十六条："各级人民政府可以设立国有独资公司、国有资本控股公司，传统村落所在地的村集体经济组织可以设立集体控股公司，对传统村落资源进行开发利用。

利用传统村落资源从事经营活动的，应当尊重村民意愿，并依法对权益分配等事项作出约定。"

还参考了《三江侗族自治县少数民族特色村寨保护与发展条例》第二十二条："在少数民族特色村寨保护规划区内进行旅游开发，应当遵循政府引导、群众参与、利益共享的原则，建立公平合理的利益分配机制，依法保护村寨及村民的合法权益。"

第四十条【支持发展特色旅游】县级以上人民政府及有关部门应当支持特色村寨民族民间手工业发展，强化地域特色，创建地理标志品牌；搭建特色村寨文化消费、传播体验交流平台，支持建设民族民间文化、医药保健、康体养生、休闲度假、乡村旅游、高效农业等产业集聚区和旅游休闲基地。

【说明】在少数民族特色村寨地区，很多少数民族都有自己本民族的民间手工艺、民族中医保健、地理特征及优质的自然环境，这些资源对于发展特色旅游是很有优势的。

本条参考了《贵州省传统村落保护和发展条例》第四十四条："县级以上人民政府及有关部门应当支持传统村落民族民间手工业发展，强化地域特色，创建地理标志品牌；搭建传统村落文化消费、传播体验交流平台，支持建设民族民间文化、医药保健、康体养生、休闲度假、乡村旅游、高效农业等产业集聚区和旅游休闲基地。”

第四十一条【村寨发展互联网的应用】县级以上人民政府及有关部门应当优先建设完善电子政务、电子商务、现代物流、乡村旅游等服务体系，促进特色村寨与互联网深度融合，推动特色村寨保护和发展大数据应用。

【说明】民族特色村寨的交通条件往往制约了当地经济和旅游的发展，随着现代物流业和现代信息的发展，电子政务、电子商务、现代物流等与互联网深度融合。利用大数据发展民族特色村寨，把本地的特色通过互联网向外推广可以扩大本地旅游资源的影响，促进当地经济和旅游的积极发展。

本条参考了《贵州省传统村落保护和发展条例》第四十五条："县级以上人民政府及有关部门应当优先建设完善电子政务、电子商务、现代物流、乡村旅游等服务体系，促进传统村落与互联网深度融合，推动传统村落保护和发展大数据应用。"

第四十二条【引入公司模式对村寨资源开发利用】各级人民政府可以设立国有独资公司、国有资本控股公司，特色村寨所在地的村集体经济组织可以设立集体控股公司，对特色村寨资源进行开发利用。

利用特色村寨资源从事经营活动的，应当尊重村民意愿，并依法对权益分配等事项作出约定。

【说明】政府在发展民族特色村寨时，由于财政资金有限的原因，特色村寨发展资金明显不足，那么可以通过设立公司模式对本地特色村寨资源进行开发利用，当然前提得尊重村民意愿，同时要让村民受益。

本条参考了《贵州省传统村落保护和发展条例》第四十六条："各级人民政府可以设立国有独资公司、国有资本控股公司，传统村落所在地的村集体经济组织可以设立集体控股公司，对传统村落资源进行开发利用。

利用传统村落资源从事经营活动的，应当尊重村民意愿，并依法对权益分配等事项作出约定。”

第四十三条【对旅游、考察等行为的规范】国内外团体、个人在特色村寨从事考察、采风、旅游和其他活动时，应当尊重当地民族的民风民俗，不得损毁特色村寨的自然景观、人文景观和生态环境。

【说明】民族特色村寨的开发利用中，旅游和考察研究是其中的主要形式，因此有必要对旅游和考察的行为进行规范，以保持民族特色村寨的良好自然景观、人文景观和生态环境。本条参考了《黔东南苗族侗族自治州民族文化村寨保护条例》第二十七条:“国内外团体、个人在民族文化村寨从事考察、采风、旅游和其他活动时，应当尊重当地民族的风俗习惯，不得损毁民族文化村寨的自然景观和人文景观。”

第五章　监督检查

第四十四条【县级以上政府监督职责】县级以上人民政府负责特色村寨保护与发展工作的监督检查，定期组织有关部门和专家对本行政区域内特色村寨的保护与发展情况进行检查与评估。

【说明】对民族特色村寨的保护与发展，不仅仅是申报的问题，还应当对民族特色村寨保护的力度进行监督检查与评估。本条参考了《江西省传统村落保护条例》第四十二条:“县级以上人民政府负责传统村落保护工作的监督检查，定期组织有关部门和专家对本行政区域内传统村落的保护情况进行检查与评估。”

也参考了《福建省历史文化名城名镇名村和传统村落保护条例》第四十八条:“城市、县人民政府应当对本行政区域内历史文化名城、街区、名镇、名村，传统村落和历史建筑的保护情况进行动态监测，定期向省人民政府住房和城乡建设主管部门与文化（文物）主管部门提交监测报告，并将监测结果向社会公布。”

第四十五条【乡政府监督职责】乡（镇）人民政府应当对特色村寨保护工作进行日常巡查，对巡查中发现的违反保护发展规划的行为，应当依法予以制止，并向县级以上人民政府住房和城乡建设行政主管部门报告。

【说明】乡政府应当对特色村寨保护工作进行定期巡查，发现问题时及时反映。参考了《江西省传统村落保护条例》第四十三条："乡（镇）人民政府应当对传统村落保护工作进行日常巡查，对巡查中发现的违反保护发展规划的行为，应当依法予以制止，并向县级以上人民政府城乡规划、建设主管部门报告。"

第四十六条【省政府及住建部门的监督职责】特色村寨经批准公布后，省人民政府住房和城乡建设行政主管部门应当会同有关部门对保护状况和保护发展规划编制及实施情况进行定期检查和跟踪监测。

在定期检查和跟踪监测中，发现存在未及时组织编制保护发展规划、违反保护发展规划开发建设、对传统格局及传统建筑保护不力等问题的，省人民政府住房和城乡建设行政主管部门应当会同有关部门，及时向所在地县级人民政府提出整改意见。

【说明】省级人民政府及住建部门也应当会同有关部门对特色村寨进行监督跟踪监测。参考了《江西省传统村落保护条例》第四十四条："传统村落经批准公布后，省人民政府住房和城乡建设主管部门应当会同有关部门对保护状况和保护发展规划编制及实施情况进行定期检查和跟踪监测。

在定期检查和跟踪监测中，发现存在未及时组织编制保护发展规划、违反保护发展规划开发建设、对传统格局及传统建筑保护不力等问题的，省人民政府住房和城乡建设主管部门应当会同有关部门，及时向所在地县级人民政府提出整改意见。"

还参考了《福建省历史文化名城名镇名村和传统村落保护条例》第四十七条："历史文化名城、街区、名镇、名村和传统村落经批准公布后，省人民政府住房和城乡建设主管部门应当会同同级文化（文物）等主管部门对保护状况和保护规划编制及实施情况进行定期检查和跟踪监测。

定期检查和跟踪监测中发现存在未及时组织编制保护规划、违反保护规划开发建设、对传统格局及历史建筑保护不力等问题的，省人民政府住房和城乡建设主管部门应当会同同级文化（文物）等主管部门及时向所在地城市、县人民政府提出整改意见。所在地城市、县人民政府应当及时整改并反馈。”

第四十七条【聘请监督员监督】特色村寨所在地县级人民政府应当聘请传统村落保护专家、村（居）民任监督员，对传统村落保护发展规划的实施及村落内建设活动进行监督。

鼓励建立特色村寨保护志愿者服务队伍，引导公众参与特色村寨保护和宣传工作。

【说明】政府应当聘请村（居）民任监督员，对传统村落保护发展规划的实施及村落内建设活动进行监督。

参考了《江西省传统村落保护条例》第四十五条：“传统村落所在地县级人民政府应当聘请传统村落保护专家、村（居）民任监督员，对传统村落保护发展规划的实施及村落内建设活动进行监督。

鼓励建立传统村落保护志愿者服务队伍，引导公众参与传统村落保护和宣传工作。”

还参考了《贵州省传统村落保护和发展条例》第三十六条：“建立传统村落驻村专家、村级联络员制度。

驻村专家由省人民政府住房和城乡建设、文化（文物）行政主管部门会同市、州和县级人民政府相关部门选聘，负责指导传统村落保护和发展项目实施等工作；村级联络员由村民委员会在村民中推荐，负责宣传传统村落相关政策、监督项目实施等工作。”

第四十八条【特色村寨的动态监督】已批准公布的特色村寨，因保护不力导致传统资源受到严重影响的，由省人民政府住房和城乡建设行政主管部门会同有关部门，责成所在地县级人民政府限期整改，采取补救措施。

整改到期后，由省人民政府住房和城乡建设行政主管部门会同文化

（文物）主管部门，组织专家进行审核。审核未通过的，向所在地县级人民政府提出濒危警示通报。

特色村寨破坏情况严重且无法补救的，由特色村寨的批准机关从特色村寨名录中除名并进行通报。

【说明】对特色村寨实施动态监督机制更有利于民族特色村寨的保护与发展，对符合民族特色村寨要求的村寨加以保护，不符合的就应当有退出机制，不能让已经批准的民族村寨一劳永逸。本条参考了《福建省历史文化名城名镇名村和传统村落保护条例》第五十一条："已批准公布的历史文化名城、街区、名镇、名村，传统村落和历史建筑，因保护不力导致历史文化价值受到严重影响的，省人民政府住房和城乡建设主管部门会同文化（文物）主管部门组织专家进行评估论证后，提请省人民政府将其列入濒危名单并公布，由省人民政府责成所在地城市、县人民政府限期整改，采取补救措施。

整改期限届满后，由省人民政府住房和城乡建设主管部门会同文化（文物）主管部门组织专家审核，并报请省人民政府不再列入濒危名单或者撤销其称号。"

参考了《贵州省传统村落保护和发展条例》第三十七条："省人民政府住房和城乡建设行政主管部门应当会同文化（文物）、财政、国土资源、农业、旅游、民族宗教、环境保护等部门建立传统村落动态监测数据系统，对传统村落保护状况和规划实施情况实施动态监测。

建立传统村落考核评估和退出机制。经考核评估，对保护成绩突出的予以奖励；对保护不力的给予通报批评；对传统建筑、风貌格局等遭受破坏的给予濒危警示；对丧失保护价值的启动退出机制。"

第六章　法律责任

第四十九条【政府的法律责任】地方各级人民政府有下列行为之一的，由上级人民政府责令改正，对直接负责的主管人员和其他直接责任人员，依法给予处分：

（一）未组织编制保护规划的；

（二）未按照法定程序组织编制保护规划的；

（三）擅自修改保护规划的；

（四）未将批准的保护规划予以公布的。

【说明】本条立法依据为《城乡规划法》第五十八条："对依法应当编制城乡规划而未组织编制，或者未按法定程序编制、审批、修改城乡规划的，由上级人民政府责令改正，通报批评；对有关人民政府负责人和其他直接责任人员依法给予处分。"

"第六十条：镇人民政府或者县级以上人民政府城乡规划主管部门有下列行为之一的，由本级人民政府、上级人民政府城乡规划主管部门或者监察机关依据职权责令改正，通报批评；对直接负责的主管人员和其他直接责任人员依法给予处分：

（一）未依法组织编制城市的控制性详细规划、县人民政府所在地镇的控制性详细规划的；

（二）超越职权或者对不符合法定条件的申请人核发选址意见书、建设用地规划许可证、建设工程规划许可证、乡村建设规划许可证的；

（三）对符合法定条件的申请人未在法定期限内核发选址意见书、建设用地规划许可证、建设工程规划许可证、乡村建设规划许可证的；

（四）未依法对经审定的修建性详细规划、建设工程设计方案的总平面图予以公布的；

（五）同意修改修建性详细规划、建设工程设计方案的总平面图前未采取听证会等形式听取利害关系人的意见的；

（六）发现未依法取得规划许可或者违反规划许可的规定在规划区内进行建设的行为，而不予查处或者接到举报后不依法处理的。"

第五十条【国家机关工作人员的法律责任】国家机关工作人员在特色村寨保护与发展工作中玩忽职守、滥用职权、徇私舞弊，尚未构成犯罪的，由所在单位或者上级行政主管部门依法追究行政责任。构成犯罪的，依法追究刑事责任。

【说明】对于民族特色村寨保护依法负有职责的国家工作人员，如未依据本条例及相关法律、法规的要求履行职责，应当依据《国家公务员法》《行政监察法》《国家公务员处分条例》的规定依法给予行政处分。如果情节严重构成犯罪，则依据《刑法》中的相关罪责处理。

第五十一条【占用防火通道，破坏消防设施的法律责任】严禁单位和个人长期占用消防通道，消防设施，禁止破坏消防通道和消防设施。违者，责令限期改正，并处五万元以下罚款，拒不改正的，强制执行，所需费用由违法行为人承担。

【说明】本条立法建议参照了国家文物局、公安部2015年颁行的《文物建筑消防安全管理十项规定》中有关严格消防设施管理的规定。另外，针对农村的消防安全问题，《广西壮族自治区实施〈中华人民共和国消防法〉办法》第三十五条作出了具体规定。

第五十二条【未按规划进行建设的法律责任】未依法经过批准或者未按照批准在民族特色村寨保护规划区内进行施工、建设的，依据《中华人民共和国城乡规划法》的相关规定处理。

【说明】本条立法依据为《城乡规划法》第六十四条："未取得建设工程规划许可证或者未按照建设工程规划许可证的规定进行建设的，由县级以上地方人民政府城乡规划主管部门责令停止建设；尚可采取改正措施消除对规划实施的影响的，限期改正，处建设工程造价百分之五以上百分之十以下的罚款；无法采取改正措施消除影响的，限期拆除，不能拆除的，没收实物或者违法收入，可以并处建设工程造价百分之十以下的罚款。"

第六十五条："在乡、村庄规划区内未依法取得乡村建设规划许可证或者未按照乡村建设规划许可证的规定进行建设的，由乡、镇人民政府责令停止建设、限期改正；逾期不改正的，可以拆除。"

第五十三条【保护区建筑景观保护法律责任】违反本法规定，修建与民族特色村寨的风格、色调等不相协调的建筑物或构筑物经改正或治理后仍然对民族特色村寨景区造成景观破坏的，由自治县建设行政主管部门处一千元以上一万元以下罚款。

【说明】本条是为严肃民族特色村寨保护规划的效力而专门的设置罚则，《郑州市嵩山古建筑群保护管理规定》中有对建筑风格风貌的禁止性的规定，本条对该规定进行了一定的借鉴，并考虑民族地方特定情况设置了处罚幅度。

“第十七条：嵩山古建筑所在区域的建设行为应当符合嵩山古建筑群总体保护规划的要求，不得有损文物安全或损害构成古建筑整体的历史风貌和自然环境。

禁止在嵩山古建筑保护范围内进行与文物保护无关的建设工程或者爆破、钻探、挖掘等作业。

禁止在嵩山古建筑保护范围和建设控制地带内进行下列建设行为：

（一）修建风格、高度、体量、色调等与文物及其环境不相协调的建筑物、构筑物；

（二）安装产生强烈震动可能危及文物安全或污染文物及其环境的设施；

（三）进行产生强烈震动可能危及文物安全的作业；

（四）其他可能有损文物历史风貌或文物安全的工程建设行为。

嵩山古建筑保护范围和建设控制地带内已有的或在建的建筑物、构筑物及设施，不符合前款规定的，由登封市人民政府依法责令限期拆除或迁出。”

第五十四条【施工单位破坏环境风貌的法律责任】违反本法规定在作业中造成人文景物及周围的林木、植物、水体、地貌污染和破坏，由相关部门责令采取措施恢复植被和环境原貌，处以一万元以下罚款，经采取措施无法恢复或拒不采取措施的，处以二万元以上十万元以下的罚款。

【说明】该条是针对施工单位破坏民族特色村寨的地质地貌等环境风貌所规定的制裁措施。本条参考了《风景名胜区条例》第四十六条："违反本条例的规定，施工单位在施工过程中，对周围景物、水体、林草植被、野生动物资源和地形地貌造成破坏的，由风景名胜区管理机构责令停止违法行为、限期恢复原状或者采取其他补救措施，并处二万元以上十万元以下的罚款；逾期未恢复原状或者采取有效措施的，由风景名胜区管理机构责令停止施工。"

第五十五条【随意丢弃固体废弃物的法律责任】在民族特色村寨内随意丢弃固体废弃物的，由自治县民族村寨管理机构予以警告，警告后不及时纠正的，处以五十元以上至一千元以下罚款。

【说明】该条是对在民族特色村寨内随意丢弃固体废物的违法行为的规制。本条参考了《湘西土家族苗族自治州凤凰历史文化名城保护条例》第三十六条、《广西壮族自治区漓江流域生态环境保护条例》第三十三条 、《黔东南苗族侗族自治州民族文化村寨保护条例》第三十条的相关规定。

第五十六条【在保护规划区禁止从事的行为及法律责任】违反本法第三十二条禁止从事行为规定的，由县级人民政府相关行政主管部门责令停止违法行为，限期改正或者治理，造成危害后果的予以行政处罚。

违反第一项规定在木楼区存放易燃品、爆炸品的，处五百元以上一万元以下罚款。构成犯罪的，依法追究刑事责任。

违反第二项规定电鱼、毒鱼、炸鱼的，由自治县渔业行政主管部门没收工具和违法所得，并处五百元以上一万元以下罚款。构成犯罪的，依法追究刑事责任。

违反第三项规定捕杀鸟兽，擅自采伐林木、采挖名贵树种的，由自治县林业主管部门处以五百元以上一万元以下罚款。构成犯罪的，依法追究刑事责任。

违反第四项规定乱占土地、擅自开山、采矿、采石、挖沙、取土、修坟的，由自治县土地主管部门责令停止违法行为，予以批评教育，限期恢复原状；逾期不改的，处以五百元以上一万元以下罚款。不能恢复的依法赔偿，处一千元以上二万元以下罚款。

违反第五项规定设置废渣场，在非指定区域倾倒垃圾、堆放垃圾造成污染和破坏的，由自治县环境保护主管部门处一千元以上一万元以下罚款。

违反第六项规定随意张贴广告、标语和堆放、悬挂有碍特色村寨容貌的相关物品拒不整改的，由自治县民族村寨管理部门处以五十元以上一千元以下罚款。

违反第七项规定破坏民族特色村寨地貌、危及自然景观及人文景观的，由自治县相关管理部门处以一千元以上五万元以下的罚款。构成犯罪的，依法追究刑事责任。

违反第八项规定依据相应法律、法规规定给予处罚。

【说明】在民族特色村寨保护规划区存放易燃品、爆炸品，电鱼、毒鱼，炸鱼，捕杀鸟兽，擅自采伐林木、采挖名贵树种，乱占土地、擅自开山、采矿、采石、挖沙、取土、修坟，设置废渣场，在非指定区域倾倒垃圾、堆放垃圾造成污染和破坏的，随意张贴广告、标语和堆放、悬挂有碍特色村寨容貌，破坏民族特色村寨地貌、危及自然景观及人文景观的行为应该有法律后果的规定，否则不足以制止违法行为。

本条参考了《黔东南苗族侗族自治州民族文化村寨保护条例》第三十三条：

民族文化村寨保护区内，不得有下列行为：

（一）设置废渣场；

（二）乱占土地、取土、烧窑、采石、挖沙、采矿、葬坟；

（三）砍伐林木、捕杀鸟兽；

（四）电鱼、毒鱼、炸鱼；

（五）随意张贴广告、标语和堆放、悬挂有碍村寨容貌的物品；

（六）其他破坏或者影响民族文化村寨景观和环境保护的行为。

第三十八条：违反本条例第三十三条规定的，按照以下规定予以处罚：

（一）违反第一项规定的，由县级人民政府环境保护行政主管部门责令停止违法行为，并处以 1 万元以上 10 万元以下的罚款；

（二）违反第二项规定的，由县级以上人民政府相关行政主管部门责令停止违法行为，予以批评教育，限期恢复原状；逾期不改的，可处以 100 元以上 1000 元以下罚款。不能恢复的依法赔偿，并可处 100 元以上 2000 元以下罚款；

（三）违反第三项规定的，由县级以上人民政府林业行政主管部门责令停止违法行为，予以批评教育，没收违法所得和工具，并处以 50 元以上 1000 元以下罚款；

（四）违反第四项规定的，由县级以上人民政府相关行政主管部门责令停止违法行为，予以批评教育，没收违法所得和工具，并处以 50 元以上 1000 元以下罚款；

（五）违反第五项规定的，由县级以上人民政府相关行政主管部门责令停止违法行为，并处以 50 元以上 1000 元以下罚款。

本条第一项“在木楼区存放易燃品、爆炸品处五百元以上一万元以下罚款。构成犯罪的，依法追究刑事责任”，是本条例草案专门针对三江地区民族村寨以木楼为主的建筑特点，而特设的一条规范，处罚幅度考虑了行为所可能造成的危害以及与其他条款的衔接。

第五十七条【破坏民族村寨建筑物、文物的法律责任】在民族特色村寨保护规划区内刻划、涂污、损坏民族村寨建筑物、文物以及移动、损坏文物保护设施的，依据《中华人民共和国治安管理处罚法》的相关规定处理。

【说明】在民族特色村寨保护规划区内各种损害特色村寨建筑物及文物的行为也应当受到法律制裁。

本条参考了《治安管理处罚法》第六十三条：“有下列行为之一的，处警告或者二百元以下罚款；情节较重的，处五日以上十日以下拘留，并处二百元以上五百元以下罚款：

（一）刻划、涂污或者以其他方式故意损坏国家保护的文物、名胜古迹的；

（二）违反国家规定，在文物保护单位附近进行爆破、挖掘等活动，危及文物安全的。”

第五十八条【阻碍特色村寨保护行为的法律责任】阻碍民族特色村寨保护区管理人员依法执行公务的，依照《治安管理处罚法》的相关规定处理；情节严重，构成犯罪的，依法追究刑事责任。

【说明】对于阻碍特色村寨保护行为的人也应进行相应的制裁措施。本条参考了《治安管理处罚法》第五十条："有下列行为之一的，处警告或者二百元以下罚款；情节严重的，处五日以上十日以下拘留，可以并处五百元以下罚款：

（一）拒不执行人民政府在紧急状态情况下依法发布的决定、命令的；

（二）阻碍国家机关工作人员依法执行职务的；

（三）阻碍执行紧急任务的消防车、救护车、工程抢险车、警车等车辆通行的；

（四）强行冲闯公安机关设置的警戒带、警戒区的。

阻碍人民警察依法执行职务的，从重处罚。”

第七章　附　则

第五十九条【施行日期】本法自 × 年 × 月 × 日起施行。

附　录

附录一　调研问卷及访谈问题

广西三江侗族自治县高邮、高定、程阳等少数民族特色村寨保护与发展现状调查问卷

填写本表是不记名的，希望您在填表时不要有任何顾虑。请您根据所知的情况作如实的填写或回答，谢谢您真诚的合作！

（一）受访者的基本情况

1. 您的性别：

A. 女　　　　B. 男

2. 您的民族：

A. 侗族　　　　B. 汉族

C. 苗族　　　　D. 壮族

E. 瑶族　　　　F. 其他（请简略写明）

3. 您的家庭住址：

A. 古宜镇　　B. 周坪乡
C. 程村乡　　D. 丹洲乡
E. 和平乡　　F. 老堡乡
G. 斗江乡　　H. 高基乡
I. 良口乡　　J. 洋溪乡
K. 富禄乡　　L. 梅林乡
M. 八江乡　　N. 林溪乡
O. 独峒乡　　P. 同乐乡

4. 您的年龄：

A. 20 岁以下　　B. 21 岁到 30 岁
C. 31 岁到 50 岁　　D. 51 岁到 60 岁
E. 61 岁以上

5. 您的文化程度：

A. 小学以下　　B. 小学
C. 初中　　D. 高中或技校
E. 大专　　F. 大学本科以上

6. 您每月的收入状况：

A. 1000 元以下　　B. 1001—2000 元
C. 2001—3000 元　　D. 3001—5000 元
E. 5001 元以上

7. 您的职业：（请简略写明）

（二）关于民族文化保护的看法

8. 您对所居住地的民族文化了解吗？

A. 全部了解　　B. 部分了解
C. 了解一些　　D. 都不了解

9. 您觉得民族文化有存在的价值吗？

A. 有，这是民族文化的精髓，我们应该重视并保护

B. 有，但要有利于经济发展，可以商业化发展

C. 没有，这是过时的东西，没有多大用处

D. 任其发展，自生自灭

10. 外来文化对你所在地区的风俗习惯有影响吗？

A. 有大影响　　　　　　　B. 影响不大

C. 无影响　　　　　　　　D. 不知道

11. 您是否会讲自己的民族语言？

A. 很熟练　　　　　　　　B. 基本会

C. 一点点　　　　　　　　D. 不会

12. 您认为下面哪一项民族文化保护最迫切？

A. 侗寨鼓楼　　　　　　　B. 民族技艺

C. 歌舞表演类　　　　　　D. 其他（请简略写明）

13. 近年来，许多地方组织了一些民间艺术比赛和文化周等活动，您认为该类活动给当地民族文化产业的发展带来哪些好处？

A. 宣传民族文化，丰富民众的精神文化生活

B. 推动旅游业发展，带动经济发展

C. 提高就业率，促进人民生活水平的提高

D. 提高知名度，推动其他产业的发展

14. 您认为保护民族文化的意义是什么？

A. 保护和维系我们民族的文化身份

B. 守护民族的精神家园

C. 培养下一代的文化认同和文化责任

D. 没有意义

（三）关于村寨保护的看法

15. 您了解到的当前村寨的保护情况怎样？

A. 很好

B. 大部分完好，有些已经破坏了

C. 大部分已经破坏了

16. 您所在的村寨基础设施建设情况怎样？

A. 好　　　　　　　　　　B. 能居住

C. 需要改进　　　　　　　D. 很差

17. 您认为现在的村寨建筑存在哪些问题？

A. 房屋通风采光差，同时保温与隔音效果差

B. 房屋的材料特点容易引起火灾，而建筑群密度小的特点容易造成整片建筑物毁坏

C. 干栏式建筑的底层饲养牲畜，造成周围环境空气质量差

D. 其他（请简略写明）

18. 您觉得当前民族村寨保护面临的最大问题是什么？

A. 无健全的保护政策

B. 缺乏资金

C. 外来文化和现代文化的冲突

D. 民众保护意识不强

19. 旅游是否影响当地的生活习惯和风俗？

A. 是　　　　　　　　　　B. 不是

20. 目前村寨里发生纠纷最多的事件：

A. 山林纠纷　　　　　　　B. 水利纠纷

C. 赡养老人　　　　　　　D. 邻里纠纷

E. 其他（请简略写明）

21. 目前在您居住地最濒危的民族民间传统文化：

A. 村寨建筑

B. 珍贵资料和实物

C. 传承人的培养和资助

D. 其他（请简略写明）

22. 您参加了住房保险吗？

A. 有　　　　　　　　　　B. 没有

（四）关于如何对村寨管理和保护的看法

23. 您是否支持国家对民族村寨的保护？

A. 是　　B. 不是

24. 您是否同意旅游城镇化？

A. 是　　B. 不是

25. 您认为旅游开发商在下面哪个方面应注重？

A. 商业化　　B. 表演化

C. 原生态

26. 您接受对村寨进行特色民居改造吗？

A. 接受　　B. 不接受

27. 对改建、维修、新建的建筑物、构筑物，您是否愿意采用原有工艺技术，使用原质或者仿原质材料，保持原有功能和原有风貌？

A. 愿意　　B. 不愿意

28. 您是否赞同禁止修建与村寨建筑风格不协调的建筑物、构筑物？

A. 赞同　　B. 无所谓

C. 不赞同

29. 您认为民族服饰传承有必要吗？在节日活动中愿意穿戴民族服饰吗？

A. 有必要，愿意　　B. 无所谓

C. 没必要，不愿意

30. 对于整理收集的民族文化资料，您认为应交由下面哪些部门管理？

A. 民族文化博物馆　　B. 政府部门

C. 乡镇机关　　D. 其他

31. 您认为在民族村寨保护中需要禁止的行为有哪些？

A. 砍伐林木

B. 乱占土地、取土、烧窑、采石、挖沙、采矿、葬坟

C. 电鱼、毒鱼、炸鱼

D. 随意张贴广告、标语和堆放、悬挂有碍村寨容貌的物品

E. 其他（请简略写明）

32. 您认为破坏民族传统文化的行为应该怎样处理？

A. 罚款　　B. 教育

C. 公示　　D. 其他（请简略写明）

33. 您认为违反禁止性规定的罚款在什么范围内可接受？

A. 200 元以内　　B. 200—500 元

C. 1000 元内　　D. 2000 元内

E. 其他（请简略写明）

34. 您认为都有哪些组织或人正在保护民族文化？

A. 政府　　B. 社会团体

C. 企业　　D. 个人

E. 其他

35. 您认为政府对民族文化保护工作的效果如何？

A. 很好　　B. 一般

C. 不好　　D. 差

E. 不了解

36. 您认为政府应该从哪些方面加强民族文化保护工作？

A. 立法规定　　B. 加强宣传

C. 资金投入　　D. 设立传承人

E. 其他

37. 您认为政府有必要表彰、奖励为保护民族民间传统文化作出突出贡献的组织和公民吗？

A. 有必要，加大奖励力度

B. 象征性奖励一下

C. 没必要

38. 您认为民族文化教育应从下面哪些方面着手？

A. 课堂教育　　　　　　B. 政府宣传

C. 活动中增强文化教育　　D. 其他

39. 在民族村寨保护中您觉得最大的困难是什么？（请简略写明）

40. 在民族村寨保护中您觉得政府应该怎么做？有什么好的建议？（请简略写明）

41. 您认为民族村寨中哪些方面急需保护，具体项目有哪些？试举例说明。（请简略写明）

42. 您对当地民族村寨的保护感到满意吗？（请简略写明）

43. 您觉得当地的生态现状如何？保护的措施怎么样？（请简略写明）

44. 您能说出本村寨的民族特色产品有哪些吗？（请简略写明）

45. 如果政府维修、新建、翻新的建筑物要求统一格调、量度、色彩等，您持何种态度？

A. 支持　　　　　　　　B. 不支持，坚决反对

46. 如果当地旅游业发展了，游客增多的同时，如果对环境也会造成一定的破坏，那么您觉得应该怎么去维护当地的生态环境？

A. 禁止游客进入，因为人多会破坏生态环境

B. 允许游客进入，因为他们会给我们带来旅游收入

C. 自己做好环境保护工作，一旦环境保护好了，旅游业才有持续的发展，旅游收入也才会持续

47. 您觉得当地的教育是否有必要开展双语教学，既教授汉语，又教授民族语言？

A. 没有必要

B. 有必要

C. 无所谓

（五）请您谈谈对本村村寨保护的整体看法与建议

48. 您做了这份调查，有什么感想？（请简略写明）

感谢您的参与和支持！

广西三江侗族自治县人大常委会、民宗局、旅游局、城建局等机关部门及村民自治组织访谈问题

1. 对《少数民族特色村寨保护与发展规划纲要（2011—2015 年）》的落实情况如何？

2. 本地对于少数民族特色村寨保护有哪些成功经验以及哪些问题急需通过立法予以解决？

3. 请谈谈您对少数民族特色村寨认定条件的看法。

4. 目前对于少数民族特色村寨的认定和保护涉及哪些部门？在实施保护过程中与这些部门的协调沟通存在哪些问题？

5. 贵村寨的民族文化与其他地方的少数民族文化相比有何特色？

6. 目前民族文化开发、传承和保护的状况如何？

7. 贵民族村寨现已确定的文物保护单位有多少？采取了哪些保护措施？有哪些突出的问题需要通过立法予以解决？

8. 现在的民族村寨开发旅游的状况如何？

9. 在旅游开发与民族村寨的保护上有哪些经验以及迫切需要通过立法解决的问题？

10. 旅游开发的收益目前如何分配？

11. 旅游开发对当地居民的生活带来哪些影响？

12. 贵村寨有哪些特色农业？农业生产与民族村寨保护中存在哪些问题？

13. 贵村寨村民居住区的生态环境有哪些特点？当地环境保护有哪些成功的经验？有哪些需要通过立法解决的生态环境保护方面的突出问题？

14. 在山林树木的保护上，目前贵村寨存在哪些需要立法特别保护的问题？

15. 贵村寨的消防安全有哪些行之有效的措施？还存在哪些需要进行立法规范和保护的问题？

附录二 调研剪影

课题组赴广西三江侗族自治县高秀侗寨调研

课题组赴广西三江侗族自治县人大访谈

课题组赴广西三江侗族自治县民宗委访谈

课题组与广西三江侗族非遗中心、旅游局等部门同志座谈

广西三江侗族自治县程阳八寨全景图

课题组成员深入广西三江侗族自治县程阳八寨与村民访谈

参考文献

一、著作

1. 徐家力:《原住民与社区传统资源法律保护研究》，上海交通大学出版社 2012 年版。

2. 王汝辉:《民族村寨社区参与旅游制度与传统文化保护比较研究》，人民出版社 2012 年版。

3. 郑喜淑:《延边朝鲜族生态文化资源保护与文化产业研究》，社会科学文献出版社 2012 年版。

4. 李默丝:《非物质文化遗产保护国际法制研究》，法律出版社 2010 年版。

5. 朱祥贵:《文化遗产保护法研究：生态法范式的视角》，法律出版社 2007 年版。

6. 马斌:《政府间关系：权力配置与地方治理》，浙江大学出版社 2009 年版。

7. 张松:《城市文化遗产保护国际宪章与国内法规选编》，

同济大学出版社 2007 年版。

8. 苑利、顾军:《文化遗产报告：世界文化遗产保护运动的理论与实践》，社科文献出版社 2005 年版。

9. 方慧:《云南少数民族传统文化的法律保护》，民族出版社 2002 年版。

10. 周世中:《广西瑶族习惯法和瑶族聚居地和谐社会的建设》，广西师范大学出版社 2013 年版。

11. 王鹤云、高绍安:《中国非物质文化遗产保护法律机制研究》，知识产权出版社 2009 年版。

12. 高轩:《我国非物质文化遗产行政法保护研究》，法律出版社 2012 年版。

13. 玉时阶等:《花篮瑶社会变迁》，民族出版社 2012 年版。

14. 宋蜀华:《中国民族学理论探索与实践》，中央民族出版社 1999 年版。

15. 张铭心、徐婉玲:《文化遗产保护与区域社会发展研究——以吐鲁番地区故城遗址为例》，民族出版社 2012 年版。

16. 杨永和:《风情三江》，广西民族出版社 2009 年版。

17. 陈忠禹:《村民自治权保障论——基于科学发展观视阈》，知识产权出版社 2012 年版。

18. 徐光春:《文化的力量》，河南人民出版社 2009 年版。

19. 曹卫东:《文化与文明》，广西师范大学出版社 2005 年版。

20. 陈来:《传统与现代》，生活 · 读书 · 新知三联书店 2009 年版。

21. 谢默华:《亚洲博物馆馆长和人类学家论坛文集》，云南出版社 2014 年版。

22. 蒋传光:《法理学与部门法哲学》，上海三联书店 2009 年版。

23. 张永和:《立法学》，法律出版社 2009 年版。

24. 张龙:《行政知情权的法理研究》，北京大学出版社 2014 年版。

25. 孙国华:《法的形成与运作原理》，法律出版社 2003 年版。

26. 李龙:《良法论》，武汉大学出版社 2001 年版。

27. 马怀德:《中国立法体制、程序与监督》，中国法制出版社 1999 年版。

28. 应松年:《行政行为法》，人民出版社 1993 年版。

29. 杨惠基:《行政程序理论与实务》，上海人民出版社 1997 年版。

30. 汪全胜:《制度设计与立法公正》，山东人民出版社 2005 年版。

31. 王名扬:《英国行政法》，中国政法大学出版社 1987 年版。

32. 王名扬:《美国行政法》，中国法制出版社 1995 年版。

33. 焦洪昌:《宪法学》，北京大学出版社 2006 年第 2 版。

34. 吴大英，任允正，李林:《比较立法制度》，群众出版社 1992 年版。

35. 彭宗超，薛澜，阚珂:《听证制度——透明决策和公共治理》，清华大学出版社 2004 年版。

36. 俞可平等:《中国公民社会的兴起与治理的变迁》，社会科学文献出版社 2002 年版。

37. [美] 德沃金:《认真对待权利》，信春鹰、吴玉章译，中国大百科全书出版社 1998 年版。

38. [德] 尤尔根·哈贝马斯:《在事实与规范之间：关于法律与民主法治国的商谈理论》，董世骏译，生活·读书·新知三联书店 2003 年版。

39. [日] 川岛武宜:《现代化与法》，王志安等译，中国政法大学出版社 2004 年版。

40. [奥] 凯尔森:《法与国家的一般理论》，沈宗灵译，中国大百科全书出版社 1996 年版。

41. [英] 韦恩·莫里森:《法理学——从古希腊到后现代》，李桂林等译，武汉大学出版社 2013 年版。

42. [美] 戴维·凯瑞斯:《法律中的政治：一个进步性批判》，信春鹰译，中国政法大学出版社 2008 年版。

43. [德] 卡尔·拉伦茨:《法学方法论》，陈爱娥译，商务印书馆

2003 年版。

44. [德] 罗伯特 · 阿列克西:《法律论证理论——作为法律证立理论的理性论辩理论》，舒国滢译，中国法制出版社 2002 年版。

45. [英] 麦考密克，魏因贝格:《制度法论》，周叶谦译，中国政法大学出版社 1994 年版。

46. [美] 埃德加 · 博登海默:《法理学法哲学及其方法》，邓正来译，中国政法大学出版社 1999 年版。

47. [美] 本杰明 · 卡多佐:《司法过程的性质》，苏力译，商务印书馆 1998 年版。

48. [日] 南博方:《行政法（第六版）》，杨建顺译，中国人民大学出版社 2009 年版。

49. [英] 弗里得利希 · 冯 · 哈耶克:《法律、立法与自由（第一卷）》，邓正来译，中国大百科全书出版社 2000 年版。

50. [奥] 欧根 · 埃利希埃:《法律社会学的基本原理》，叶名怡、袁震译，中国社会科学出版社 2009 年版。

51. [美] 泰勒 · 考恩:《创造性破坏：全球化与文化多样性》，王志毅译，上海人民出版社 2007 年版。

52. [英] 爱德华 · 泰勒:《原始文化》，连树声译，广西师范大学出版社 2005 年版。

53. [德] 赖纳 · 特茨拉夫:《全球化压力下的世界文化》，吴志成、韦苏等译，江西人民出版社 2001 年版。

54. [法] 马克 · 第亚尼:《非物质社会》，滕守尧译，四川人民出版社 2005 年版。

二、论文

1. 王铁志:《中国少数民族特色村寨的保护政策与实践》，载《黑龙江民族丛刊》2011 年第 3 期。

2. 田敏莉，龙晔生，李忠斌:《少数民族特色村寨的保护与发展——以咸丰县官坝村为例》，载《民族论坛》2014 年第 1 期。

3. 赵静:《村寨涵养文化：少数民族特色村寨内涵式发展之路》，载《桂海论丛》2015 年第 4 期。

4. 廖明君:《侗族木构建筑营造技术》，载《广西民族研究》2008 年第 6 期。

5. 吴大华，郭婧:《火灾下正式制度的“失败”——以贵州黔东南地区民族村寨为例》，载《西北民族大学学报》（哲学社会科学版）2013 年第 3 期。

6. 江国华:《立法模式及其类型化研究》，载《公法评论》2009 年第 4 期。

7. 乔健康:《我国市场竞争法的最佳立法模式》，载《法学杂志》1997 年第 2 期。

8. 李建华:《略论经济法立法模式和体制结构》，载《立法建议》2005 年第 2 期。

9. 费安玲:《非物质文化遗产法律保护的思考》，载《江西社会科学》2006 年第 5 期。

10. 戈世平:《转变政府职能 加强经济监管》，载《江淮论坛》2003 年第 1 期。

11. 陈振明:《政府社会管理职能的概念辨析》，载《东南学术》2008 年第 4 期。

12. 春友:《进入 21 世纪：政府该怎样定位，做什么，怎样做》，载《体制改革》2001 年第 2 期。

13. 汤静:《非物质文化遗产保护之法理视角》，载《湖南师范大学社会科学学报》2007 年第 5 期。

14. 吴泽荣:《广东少数民族特色村寨保护与发展的思考——以连南南岗千年瑶寨和乳源必背瑶寨为例》一文，载《广东技术师范学院学报》（社会科学版）2012 年第 5 期。

15. 姜爱:《湖北少数民族特色村寨保护与发展经验解析》,载《湖北社会科学》2012 年第 9 期。

16. 李国,杨斌:《论非物质文化遗产国际环境法保护制度》,载《法制与社会发展》2009 年第 4 期。

17. 徐勇:《村民自治的成长:行政放权与社会发育——1990 年代后期以来中国村民自治发展进程的反思》,载《华中师范大学学报》(人文社会科学版)2005 年第 2 期。

18. 薛梦寒:《少数民族刑事习惯法与刑法的冲突与化解》,载《贵州民族研究》2017 年第 1 期。

19. 张显伟:《少数民族特色村寨保护与发展的基本原则》,载《广西民族研究》2014 年第 5 期。

20. 和少英:《民族文化保护与传承的"本体论"》,载《云南民族大学学报》(哲学社会科学版)2009 年第 2 期。

21. 周旺生:《关于地方立法的几个理论问题》,载《行政法学研究》1994 年第 3 期。

22. 李一飞:《地方立法的地位、特点和基本原则》,载《云南大学学报》(法学版)2011 年第 2 期。

23. 朱庆磊:《地方立法的内容探究》,载《安徽行政学院学报》2013 年第 3 期。

24. 张帆:《地方立法及其特征》,载《江西行政学院学报》2008 年第 2 期。

25. 邓力平:《强化地方立法领域中的重点领域立法》,载《中国人大》2013 年第 10 期。

26. 张海燕,朱恒顺:《关于地方立法的审视和反思》,载《青岛科技大学学报》(社会科学版)2007 年第 1 期。

27. 胡盛仪:《我国地方立法比较概略》,载《江汉论坛》2008 年第 3 期。

28. 王广辉:《论我国地方立法的基本原则》,载《法商研究》1996

年第 6 期。

29. 曹胜亮:《论地方立法的科学化》，载《法学论坛》2009 年第 3 期。

30. 关保英:《科学立法科学性之解读》，载《社会科学》2007 年第 3 期。

31. 王琼雯:《地方立法的地方特色及其实现之道》，载《行政与法》2009 年第 4 期。

32. 肖志恒:《加强地方立法应处理好“五个关系”》，载《中国人大》2014 年第 4 期。

33. 邓立平:《强化地方立法中的重点领域立法》，载《中国人大》2013 年第 10 期。

34. 彭岚嘉:《物质文化遗产与非物质文化遗产的关系》，载《西北师大学报》(社会科学版) 2006 年第 6 期。

35. 安学斌:《民族文化传承人的历史价值与当代生境》，载《云南民族大学学报》(哲学社会科学版) 2007 年第 6 期。

36. 谭宏:《民间组织在非物质文化遗产保护中的作用》，载《民族艺术研究》2010 年第 5 期。

后　记

2013 年 5 月，杜承秀、张显伟应广西壮族自治区三江侗族自治县人大常委会委托参与起草《三江侗族自治县少数民族特色村寨保护与发展条例》。条例起草过程中，多次前往三江实地调研侗族特色村寨保护与发展问题。调研工作得到了三江侗族自治县人大常委会、民宗局、旅游局、住建局以及特色村寨所在地乡镇政府、村委会和村民的大力支持和配合，获得了宝贵的一手资料。在此，对他们的支持和配合深表感谢！

本书是在杜承秀主持的广西壮族自治区哲学社会科学规划 2015 年项目“少数民族特色村寨保护与发展立法问题研究”（项目批准号：15BFX005）结项成果的基础上修改而成。感谢广西壮族自治区哲学社会科学规划办对本项目研究的经费支持与学术把关。本书是广东海洋大学科研启动项目“职能定位、权力配置及运行机制——民行检察监督权视角的分析”的阶段性成果。

本书出版得到广东海洋大学第六轮重点学科法学建设和广东海洋大学创新强校工程重点平台建设跃升计划项目“广

东海洋大学区域治理法治化与地方立法研究平台”（GDOU2017052609）的经费资助，在此一并深表感谢！

杜承秀

二〇二〇年六月十八日